Liebe Leserin, lieber Leser,

Entschleunigung und Achtsamkeit sind Themen, die in dieser Zeit der zunehmenden Hektik und Verdichtung in Job und Freizeit immer mehr Menschen beschäftigen.

Aber welche seriösen Erkenntnisse gibt es? Was können Psychologen und Stressforscher, Biologen und Soziologen, Philosophen und Kulturwissenschaftler dazu beitragen?

Nehmen wir das Smartphone: Jeder weiß, dass es nicht den Alltag diktieren sollte. Dennoch lassen viele es zu – weshalb? Warum fällt es uns so schwer, etwas Tempo aus unserem Leben zu nehmen?

In diesem Heft kommen Experten zu Wort, aber auch Menschen, die sich regelmäßig Auszeiten vom Alltag nehmen.

Sie zeigen, wie sie funktionieren kann, die Work-Life-Balance.

Ich habe schon einmal damit begonnen – und das kürzeste Editorial meines Lebens geschrieben.

Geht doch!

Herzlich Ihr

Michael Schaper

liken
DISLIKEN
tauschen
KAUFEN
TWEETEN
flirten
anklopfen
TEILEN
UPLOADEN
DOWNLOADEN
CHATTEN
...mit hunderten von Egeln, die sich an mir festsaugen und mir Zeit, Energie und Nerven rauben.

inhalt

Zeit für die Seele

GEO ***WISSEN***

No. 61

Was uns belastet

Wie wir zu uns selbst finden

Aus der Redaktion 8; Impressum, Bildnachweis 101; Die Welt von GEO 162; Titelbild: Kniel Synnatzschke/plainpicture. Alle Fakten und Daten sind vom GEO WISSEN-Verifikationsteam auf ihre Präzision, Relevanz und Richtigkeit überprüft worden. Kürzungen in Zitaten werden nicht kenntlich gemacht. Redaktionsschluss: 20. April 2018. Themen früherer Hefte und Kontakt zur Redaktion unter **www.geo-wissen.de**

die kunst des verweilens

Termindruck, Tempo, Zeitnot: Viele Menschen fühlen sich der **Geschwindigkeit** ihres Alltags nicht mehr gewachsen **und sehnen sich nach einem Ausweg.** Wie kann der gelingen?

TEXT:
Bertram **Weiß**

Der Wille, sich gegen die zunehmende Beschleunigung zu stemmen, erscheint heute stärker denn je

Zu Beginn gleich ein Hinweis: Dieser Text wird Sie etwa fünf Minuten Lesezeit kosten. Wenn Sie zwischendurch mal auf Ihr Smartphone oder Tablet blicken, natürlich mehr. Nicht eingerechnet ist außerdem, dass Sie vielleicht mal etwas unruhig in dem vorliegenden Heft hin und her blättern oder aufspringen, um schnell einem Gedanken zu folgen.

Im Internet ist es inzwischen ja üblich, die voraussichtliche Dauer einer Lektüre zu nennen, also gewissermaßen eine Warnung auszusprechen, damit der eilige Leser rechtzeitig einschätzen kann: Ist es mir das wert?

Denn vielen von uns gelingt es kaum noch, etwas länger bei einer Sache zu bleiben. Nichts scheint heute wertvoller als Zeit – immer und überall scheint es zu wenig von ihr zu geben. Alles ist zu schnell, zu dringlich, zu viel.

Drei mächtige Prozesse treiben den Puls des Lebens in die Höhe:

• die Globalisierung; sie verbindet Menschen auf der Erde enger als je zuvor (und schürt ihre Konkurrenz);

• die Liberalisierung der Märkte; dadurch strebt die Wirtschaft weltweit nach immer mehr Wachstum;

• die Digitalisierung; sie verändert, wie wir arbeiten, produzieren, kommunizieren – und leben.

Diese drei Entwicklungen stellen alles Gewohnte infrage und beschleunigen unseren Alltag, befeuert von dem immer gleichen Treibstoff: Wettbewerb. Was gestern noch reichte, ist heute schon nicht mehr gut genug.

Die Logik des Wettbewerbs durchdringt jeden Winkel unseres Lebens, fordert immer mehr von uns, mehr Flexibilität, mehr Tempo.

Manches Mal möchten wir einfach nur die Augen verschließen, die Ohren zuhalten, die Hektik der Welt von uns fernhalten. Nicht erreichbar sein, nicht im Dienst, nicht zuständig.

Die Sehnsucht nach einem gebremsten Leben ist inzwischen allgegenwärtig und kaum zu bezweifeln, der Befund ist eindeutig. Die Frage ist nur: Wie gehen wir damit um? Welche Therapie folgt auf die Diagnose?

„Entschleunigung“ lautet das Wort, das uns Psychologen, Coaches und Lebensberater, Ratgeber-Autoren und Wellness-Hoteliers anbieten. Ihre Empfehlungen lassen sich in wenigen, kurzen Sätzen zusammenfassen: Ver-

Schon ein kurzer Genuss, ein Moment der Muße, wirkt wie eine Rebellion gegen den Temporausch

einfachen Sie Ihr Leben, konsumieren Sie weniger, nehmen Sie Tempo raus, lassen Sie los, machen Sie mal Pause.

Eigentlich wissen wir all diese Dinge, haben sie schon oft gehört. Doch so leicht sie gesagt sind, so schwierig sind sie umzusetzen. Immer wieder scheitern wir an der Wirklichkeit und an uns selbst. Kaum einem fällt es beispielsweise leicht, zu verweilen, Stille zu ertragen, einfach nur zu sein.

Die Kunst ist, sich an diese Grundsätze für ein langsameres, erfüllteres Dasein zu erinnern, wieder und wieder. Und sie zumindest zu üben, ausdauernd und einfallsreich.

Dazu können wir uns inspirieren lassen von Menschen, die all diese vermeintlich simplen Sätze zum Zentrum ihres Daseins gemacht haben: von Nonnen oder Mönchen etwa, die in Einfachheit und innerer Einkehr leben. Von Handwerkern, denen die Sinnlichkeit ihrer Arbeit wichtiger ist als Geschwindigkeit. Von Philosophen, die sich der Suche nach dem guten Leben verschrieben haben. Von Mitbürgern, die versuchen, der Alltagshektik mit originellen Ideen etwas entgegenzusetzen.

So werden bereits seit einiger Zeit Stimmen lauter, die anstelle des immerzu dröhnenden „Faster!" ganz betont und langsam ein „Slow!" setzen.

Als Erste begannen die Anhänger der „Slow Food"-Bewegung, lustvoll und bewusst die Kultur des Essens und Trinkens zu zelebrieren – und feiern das genussvolle Kochen als Rebellion gegen den Temporausch.

Inzwischen üben sich manche in „Slow Travel" und „Slow City", in „Slow Fashion" und „Slow Money", ja sogar in „Slow Sex". Überall suchen Menschen nach Wegen, mehr Zeit zu schaffen für das Wesentliche – mehr Ruhe für berührende Erfahrungen und Einsichten.

Doch davon hält uns vor allem die anschwellende Masse von Nachrichten, Meldungen, Daten ab. Einfacher als je zuvor können wir Informationen finden, analysieren, austauschen.

Niemals zuvor in der Geschichte haben Menschen Tag für Tag so viel Kontakt zu anderen gehabt, konnten sie in so kurzer Zeit so viele Fakten über den jeweiligen Zustand der Welt erfahren. Die rasend schnelle, möglichst prompte Interaktion ist das Prinzip unseres Alltags geworden.

Was auf den ersten Blick wie ein Fortschritt wirkt, scheint uns aber zusehends zu überfordern. Die Technik erhöht den Druck, tätig zu sein, umgehend zu reagieren, wenn etwas an uns herangetragen wird. Kaum noch lässt sie uns Zeit, einmal durchzuatmen, nachzudenken.

Anstelle des immerzu dröhnenden »Faster!« ganz betont und langsam ein »Slow!« setzen

Deshalb wenden sich immer mehr Menschen auch gegen das Tempodiktat der Technik, gegen die Geschwindigkeit, die uns die Smartphones anbieten – und aufzwingen.

Vielfach ist neuerdings gar von einem „Techlash" die Rede. Diese Wortschöpfung aus „Technologie" und „Backlash" (Gegenreaktion) bezeichnet die Sehnsucht nach dem Analogen, das Misstrauen gegenüber den großen Tech-Konzernen und ihrem Einfluss auf die Gesellschaft im Allgemeinen, aber auch den individuellen Alltag eines jeden Einzelnen.

Nicht selten suchen selbst Technik-Enthusiasten inzwischen nach einem Gegengewicht: Beim Software-Konzern SAP etwa beginnen manche Konferenzen mittlerweile mit einem Moment der Stille. Und ein „Director for Global Mindfulness Practice" beaufsichtigt Achtsamkeitstrainings, die schon Tausende Mitarbeiter absolviert haben.

Die zeitweilige Abkehr vom Internet ist also nicht mehr nur bei Technikfeinden en vogue; kürzlich erschien mit „The Disconnect" (Die Unterbrechung) gar ein digitales Magazin für Menschen und ihren Umgang mit Technik, das nur gelesen werden kann, wenn man nicht mit dem Internet verbunden ist.

Der Wille, sich gegen das zunehmende Tempo zu stemmen, gegen das Zuviel an Welt und ihren viel zu vielen Problemen, erscheint heute stärker denn je – und ist oft verbunden mit einer Sehnsucht nach Rückzug, nach Wohlfühlen auf behaglichen Sofas, nach Handarbeit und Häuslichkeit. Kurz: nach einer Weltflucht ins Private. In ein neues Biedermeier.

Manch ein Experte beklagt, genau das ebne der Gleichgültigkeit den Weg, dem Desinteresse an Gesellschaft und Verantwortung, an Konflikten und politischem Engagement. Auf nützliche Rebellion folge eine gefährliche Restauration, auf idealistischen Zukunftsglauben eine rückwärtsgewandte Engstirnigkeit, so die Befürchtung.

Aber muss das tatsächlich so sein? Gibt es nur das eine oder das andere, aber niemals etwas dazwischen? Vielleicht – solange wir uns aus Notwehr zurückziehen, aus dem Gefühl, die Flucht ergreifen zu müssen, nicht mehr anders zu können.

Doch was, wenn wir lernen, es gezielt zu tun, absichtsvoll? Vielleicht entdecken wir dann, dass die Suche nach Langsamkeit, nach Innerlichkeit und Achtsamkeit, auch die Kraft birgt, etwas ganz Neues zu erschaffen.

Etwas zu entdecken, das uns hilft, die Welt neu zu gestalten. ◂

Fotograf

Daniel Auf der Mauer

In seinen Reportagen offenbart sich die besondere Gabe des 38-jährigen Schweizer Fotografen, Menschen nahezukommen, deren vielschichtige Emotionen und Details ihrer Lebenswelt einzufangen. Voraussetzung dafür ist stets auch: sich viel Zeit zu nehmen.

Seite **20** *und Seite* **146**

Faktencheck

Bettina Süssemilch

Die Biologin gehört zum Verifikationsteam von GEO WISSEN, das jeden Text akribisch überprüft, die Vertrauenswürdigkeit der Quellen beurteilt, Richtigkeit und Plausibilität kontrolliert. Ausgleich dazu findet die 44-Jährige in ihrem Garten bei der Pflege der Blumen – und der stillen Beobachtung der Natur.

Illustration

Nishant Choksi

Phänomene des modernen Lebens haben den renommierten britischen Künstler, der unter anderem für „Wired" und „Time" arbeitet, schon häufig künstlerisch beschäftigt. Von GEO WISSEN erreichte ihn die Bitte, die Zumutungen unserer Beschleunigungsgesellschaft zu illustrieren.

Seite **30**

Autor

Henning Sußebach

Der mehrfach ausgezeichnete Reporter, 46, ist seit vielen Jahren Redakteur der „Zeit". Abstand vom Alltag findet er auf Wanderungen, möglichst jenseits der Wege. Eines Tages nahm er sich dafür besonders viel Zeit und ging zu Fuß durch ganz Deutschland – von Rügen bis zur Zugspitze.

Seite **110**

Porträtfotos

Thekla Ehling

Mit einem Gespür für den richtigen Moment gelingt es der Kölner Lichtbildnerin, Menschen ganz natürlich, authentisch erscheinen zu lassen. Um den Stressforscher Professor Gert Kaluza zu porträtieren, hat sich die 49-Jährige einen möglichst stressfreien Ort ausgesucht: das sonnige Ufer der Lahn.

Seite **118**

Autor

Andreas Wenderoth

Nach Stationen bei der „Berliner Zeitung" und dem „Berliner Kurier" stellte der heute 52-Jährige fest, dass die Hektik von Großraumbüros nicht seine Welt ist. Seither widmet er sich Buchprojekten und ist als Reporter unterwegs. Für GEO WISSEN hat er einige Tage mit einem Wanderschäfer verbracht – und erzählt zudem von seiner Liebe zum Vinyl.

Seite **38** *und Seite* **82**

Illustration

Claudia Meitert

Bei ihr seien alle Sinne stets auf Empfang, sagt die Grafikdesignerin aus Regensburg. Auch wenn sie gelegentlich digitale Hilfsmittel für ihre Illustrationen verwendet, schätzt sie besonders den Umgang mit „echten" Farben. Zur Bebilderung des Artikels über „Yoga & Co." hat die 40-Jährige eine ihrer analogen Lieblingstechniken genutzt: Aquarell.

Seite **126**

Redakteur

Bertram Weiß

Im Team von GEO WISSEN hat der 34-Jährige das Konzept für diese Ausgabe erarbeitet, die Autoren betreut, Interviews geführt. Und wollte selbst am eigenen Leib erleben: Was ist dran an den Versprechen von Anbietern des verbreiteten Anti-Stress-Programms MBSR?

Seite **104**

Autorin

Anja Rützel

An Smartphone und Co. verschenkt die Berliner Kolumnistin gern ihre Zeit – und fühlt sich doch zunehmend von ihnen fremdbestimmt. Über diese ambivalente Beziehung hat sie für GEO WISSEN einen Essay geschrieben.

Seite **62**

Fotokunst

Brodbeck & de Barbuat

Seit mehr als zehn Jahren arbeiten die zwei in Paris lebenden Fotokünstler als Duo. Inspiration für ihre aufwendig inszenierten, oft wie aus einer Traumwelt stammenden Werke finden sie unter anderem bei Malern der Romantik. In diesem Heft illustrieren ihre Fotos den Beitrag über Tagträume.

Seite **88**

Jahrhundertelang fertigten Handwerker in Davos Schlitten für die lange Winterzeit. Der Zimmermann Remo Brülhart belebt die alte Kunst wieder (siehe Seite 28)

Bedächtig schmirgeln sie Holz oder gießen Silber, dämpfen Filz, schälen Weidenruten oder feilen Zahnräder: Auf der Suche nach Qualität, Schönheit und persönlicher Erfüllung stemmen sich traditionsbewusste Handwerker gegen das Tempo moderner industrieller Produktion

PROTOKOLLE:

Olaf **Tarmas**

Das *Glück* mit den *Händen* greifen

Theda Itzenga fertigt Schmuck mit traditionellen Methoden, etwa dem Formen von Gussmodellen aus Wachs und Gips. Im Verkauf aber setzt sie auf Modernes – und nutzt Social Media

Theda Itzenga, 34, *Schmuckdesignerin in Berlin*

Mit der *Erfahrung von* Jahrhunderten

Meine Arbeit an einer neuer Kollektion beginnt mit Schlendern: Ich spaziere über Flohmärkte, eine Welt, die ich schon als Kind liebte. Sie ist so wunderbar lebendig und gelassen zugleich, geschäftig und doch träge. Dort halte ich Ausschau nach Kristallglas, nach facettenreich geschliffenen Schalen, Gläsern, Karaffen oder Figuren, in denen sich das Licht bricht und funkelt. Das gibt mir Inspiration für meinen Schmuck.

Im Atelier mache ich Abgüsse aus Wachs von besonders schönen Mustern im Glas, von Stellen, an denen Flächen und Linien einzigartig zusammenspielen. Mit den Abdrücken beginne ich dann zu experimentieren, versuche ganz intuitiv mit den Fingern zu erfassen, wie sich daraus ein Ring, eine Kette, ein Anhänger formen lässt. Häufig mache ich das mitten in der Nacht, wenn es ruhig ist.

Habe ich mich für einen Entwurf entschieden, forme ich aus Wachs und Gips Modelle, in die ich das heiße, flüssige Silber gieße. Genau wie es Schmuckschmiede schon jahrhundertelang machten. In vielen Werkstätten setzen heute 3-D-Drucker die Modelle gleichförmig, exakt und schnell um. Aber ich mag es, wenn etwas nur auf den ersten Blick perfekt erscheint.

Wer meine Schmuckstücke betrachtet, entdeckt: Ein Mensch hat daran gearbeitet, hat kleine Nuancen, winzige Unregelmäßigkeiten entstehen lassen. Unikate eben. Auf diese Weise kann ich im Jahr nur zwei Kollektionen mit rund einem Dutzend Entwürfen entwickeln und in kleiner Stückzahl fertigen. Aber mittlerweile gibt es einen stetig zunehmenden Trend hin zum „Slow Fashion“, zur eher bedächtigen, konzentrierteren Fertigung und Auswahl von fair produzierten und gehandelten Materialien.

Ich bekomme das Silber von Händlern, denen ich vertraue. Und kann es selbst immer wieder einschmelzen, ihm immer wieder neue Formen geben. Ist es nicht wunderbar, sich vorzustellen, wie alt dieser Stoff womöglich ist? Wie er immer neue Gestalt annimmt? Und doch die Zeiten überdauert.

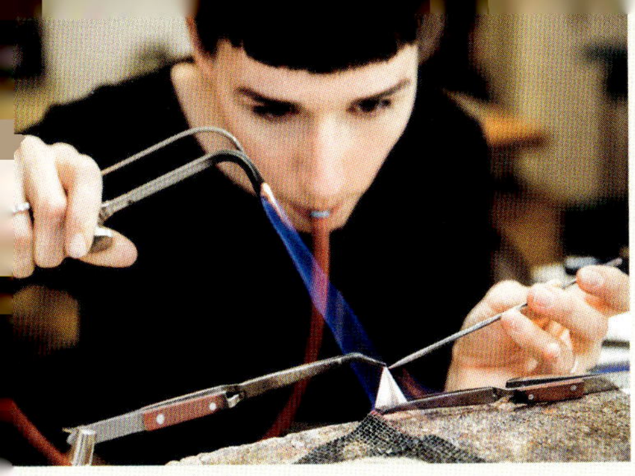

»Häufig arbeite ich mitten in der Nacht, wenn es ruhig ist«

Durch ein Blasrohr verändert Itzenga die Hitze der Lötflamme. Eine Technik, die viel Übung braucht

Altes Kristallglas, etwa von dem Kopf eines Feuerzeugs, bietet Inspiration für die Muster des Schmucks

Die Arbeit an der Werkbank empfindet Theda Itzenga nicht als anstrengend, sondern oft als geradezu erholsam

Seit mehr als 40 Jahren flicht Horst Pfetzing in seinem Meisterbetrieb Körbe und Möbel

Der schwierigste Teil eines Weidenkorbs ist der Boden – er erfordert besonderes Geschick

Bis zu zwei Körbe fertigt Pfetzing pro Tag – wenn er konzentriert und stetig arbeitet

Horst Pfetzing, *59, Korbmachermeister in Sterkelshausen, Hessen*

Rute um Rute *zum geflochtenen* Werk

Gute Körbe entstehen vor allem aus Geduld. Das beginnt schon bei der Pflege des Weidenfeldes. Ich habe unsere Plantage in 33 Jahren nur zweimal gedüngt. So wachsen die Korbweiden zwar deutlich langsamer, bringen dafür aber sehr biegsame Weidenruten hervor. Auch das Schneiden, Sortieren und Schälen der Ruten braucht seine Zeit.

Dafür arbeite ich an der Schälbank – einem einfachen, mehr als 100 Jahre alten Werkzeug aus zwei Federstahlen. Das Metall ist schon so abgenutzt, dass ich es an einigen Stellen mit Ersatzmaterial nachgelötet habe.

Ich mag das Alter und die Schlichtheit dieses Werkzeugs; es macht mich ruhig, wenn ich damit jede einzelne Weidenrute anschäle und die Rinde dann über die Spitze langsam abziehe.

Im Winterhalbjahr gebe ich mich ganz dem Flechten hin. Dann sitze ich am Kanonenofen in meiner Werkstatt, das Werkstück zwischen meine Knie geklemmt. Reihe für Reihe wächst zwischen meinen Händen die Wandung an den senkrechten Staken empor. Je nach Art der Körbe kann ich bis zu zwei Exemplare am Tag herstellen, wenn ich konzentriert und stetig arbeite.

Die Messer, Klopfeisen, Pfriemen und Zangen, die ich dafür brauche, stammen oft noch von meinem Vater. Mehr als 52 Jahre hat er unseren Familienbetrieb als Meister geführt. Ich selbst bin auch schon seit 36 Jahren Meister.

Jetzt, wo ich älter werde, rücken mir viele Dinge wieder nahe, die mir Großvater und Vater in meiner Lehrlingszeit über die Arbeit gesagt haben.

Zum Beispiel ermahnten sie mich oft, beizeiten an wichtige Vorbereitungen zu denken: bestimmte Rutenarten ausreichend auf Lager zu halten, oder rechtzeitig mit dem Kochen und Einweichen der Ruten zu beginnen. Damals wollte ich vieles davon nicht hören; heute weiß ich ihre Erfahrungen zu schätzen.

Ohne Planung wird es schnell hektisch – und das bekommt der Arbeit überhaupt nicht. Und dem Ergebnis erst recht nicht.

»Ein guter Korb entsteht vor allem aus Geduld«

In den Wintermonaten entstehen die meisten Produkte, hier eine Babywiege

Mit traditionellen Geräten muss Pfetzing jede einzelne Rute bearbeiten, ehe sie sich zum Flechten eignet

Viele Messer, Klopfeisen und Zangen stammen vom Vater, dessen Meisterbetrieb Pfetzing fortführt

»Ich möchte das Vergehen der Zeit sinnlich erfahrbar machen«

In seiner Werkstatt finden sich vor allem Präzisionsinstrumente, um die filigranen Bauteile montieren zu können

Beat Haldimann reizen auch die philosophischen Aspekte seines Handwerks

Beat Haldimann, *54, Uhrmacher in Thun, Schweiz*

Zeit messen, *ohne Hektik* zu erzeugen

Ich möchte mit meinen Uhren das Vergehen der Zeit sinnlich erfahrbar machen – durch ein hochpräzises Uhrwerk, das man teilweise auch sehen kann. Dabei arbeite ich im Grenzbereich dessen, was die menschliche Hand zu leisten vermag. Mit Mikroskop und feinstem Gerät drehe und poliere ich beispielsweise Zapfen vom Durchmesser eines Haares und montiere sie in ein Uhrwerk.

Viele Kunden berichten mir, dass sie beim Blick auf das Zifferblatt an den Bewegungen der Mechanik hängen bleiben – und darüber die Zeit vergessen. Das freut mich, denn es ist durchaus gewollt: Das rhythmische Rotieren des Räderwerks, das auf mehreren Ebenen vor sich geht, soll durchaus fesseln, ja den Betrachter staunen lassen.

Noch stärker ist diese Wirkung bei Standuhren, deren Pendelpaare sich durch einen Resonanzeffekt aufeinander einschwingen. Sie pendeln dann in einem geradezu hypnotischen Takt, exakt gegenläufig. Viele Ärzte kaufen diese Uhren fürs Wartezimmer: Langsame Schwingfrequenzen sollen eine beruhigende Wirkung haben.

Die philosophischen, künstlerischen und psychologischen Aspekte meines Handwerks interessieren mich sehr. Vor allem die Frage, wie man Zeit messen kann, ohne Hektik zu erzeugen. Denn es liegt ja eine gewisse Unrast in der Natur der Uhr selbst – „Unruh" ist sogar die Bezeichnung für das Schwingsystem einer Uhr. Zugleich ist es wichtig, dass das Räderwerk nicht ohne Widerstand abschnurrt. Daher wirkt der Kraft seiner Federn die sogenannte Hemmung entgegen – eine Bremsvorrichtung, die sich in das Schwungrad einhakt und so den typischen Tick-Takt erzeugt. Kann es ein schöneres Sinnbild dafür geben, dass wir ohne Pausen, ohne Hemmung, nie wirklich vorankommen?

Ich frage mich immer wieder, was die Essenz einer Uhr ausmacht. Bei einem meiner Modelle habe ich auf die Zeiger verzichtet. Sie misst präzise und für den Betrachter sichtbar die Zeit, zeigt aber keine Uhrzeit an. Noch reduzierter ist ein Modell mit schwarz gefärbtem Saphirglas. Dort ist das Vergehen der Zeit nur noch als Ticken wahrnehmbar. Ist das noch eine Uhr? Oder eine Zeit-Skulptur?

Seine Hände drehen, polieren und montieren unter anderem winzige Zapfen, die den Durchmesser eines Haares haben

Immer wieder fragt er sich, was die Essenz einer Uhr ausmacht – und entwirft daraufhin neue Modelle

Die Bewegungen der Mechanik sollen den Betrachter fesseln, ihn die Zeit vergessen lassen

Für Haldimann sind mechanische Uhren auch ein Sinnbild dafür, dass wir Pausen brauchen

Gabriele Braun, *53, Maßschuhmacherin in Berlin*

Allein mit sich und dem *Werkstück*

In meinem früheren Beruf als Managerin jagte ein Termin den nächsten, ständig saß ich im Flugzeug, im Taxi, in der Bahn. In Konferenzen und Sitzungen lag immer mein Smartphone mit der Uhrzeit neben mir. Oft war ich darauf bedacht, Besprechungen zu beschleunigen, um sie termingerecht zum erwünschten Ergebnis zu führen. Es war eine spannende Tätigkeit, aber sie laugte mich aus und machte mich rastlos.

Mit Ende 40 beschloss ich, einen Beruf zu erlernen, der mich mehr erfüllen sollte: Ich wurde Maßschuhmacherin.

Denn dieses traditionelle Handwerk lässt sich nicht beliebig beschleunigen. Wenn ich beispielsweise den Schaft eines Schuhs über den Leisten gezwickt habe, muss ich ihn erst einmal ein paar Tage in Ruhe lassen, damit das Leder die Form annehmen kann.

Viele Arbeitsschritte erfordern zudem hohe Konzentration. Wenn ich den Rahmen eines Schuhs mit der Ledersohle und dem Schaft vernähe, muss ich ganz bei der Sache sein.

Ich steche die Löcher vor, durch die ich dann den sogenannten Pechdraht aus Hanf, Wachs und Farbe ziehe.

Der Schuh liegt dabei auf meinen Knien, mit einem Lederband fixiert. Es ist eine Tätigkeit, die Ruhe, Ausdauer und körperliche Kraft erfordert. Ich brauche weder zu reden noch zu denken, sondern konzentriere mich allein darauf, was meine Hände und Arme mit dem Material machen.

In der Werkstatt herrscht dann eine schöne, nur mit Arbeitsgeräuschen gefüllte Stille.

Auch als Schuhmacherin habe ich natürlich Besprechungen mit Kunden – doch die verlaufen völlig anders als meine Meetings in meinem früheren Beruf. Ich nehme mir viel Zeit, um die Wünsche und Bedürfnisse der Kunden in Erfahrung zu bringen. Das Maßnehmen und die beiden Anproben brauchen mindestens jeweils eine Stunde.

Mein Handwerk und das Material haben Generationen überdauert – und erleben gerade einen neuen Aufschwung. Weil Langsamkeit und Hingabe heute so oft zu kurz kommen. Und weil die Qualität und Lebensdauer handgearbeiteter Schuhe heute wieder wertgeschätzt werden.

Mit Ende 40 gab Gabriele Braun ihren Job als Unternehmensberaterin auf und machte eine Ausbildung zur Schuhmacherin

In ihrer Werkstatt ist sie allein darauf fokussiert, was ihre Hände und Arme mit dem Material machen. Viele Arbeitsschritte erfordern eine hohe Konzentration

»Das traditionelle Schuhhandwerk lässt sich nicht beliebig beschleunigen«

Beim Vorstechen und Vernähen füllen allein Arbeitsgeräusche die Stille

»Ich habe das Glück, an allen Phasen des Baus beteiligt zu sein«

Jedes Gewerk erfordert Geschick. Präzision (hier beim Verleimen eines Bauteils) ist oberstes Gebot

Ob Fichte, Birnbaum oder Eiche: Jedele liebt den Duft und die Haptik der verschiedenen Hölzer

In der Werkstatt wird aus Plänen Wirklichkeit: Zahllose Einzelteile ergeben nach und nach ein Gesamtkunstwerk

Nur wenn die Pfeifen mit den Ventilen perfekt zusammenpassen, kann der Organist sie zuverlässig zum Klingen bringen

Bei der Konstruktion setzt Jedele durchaus auf Innovationen, beim Material dagegen auf Bewährtes: Kunststoffe verbaut er nicht

Komplexe Mechanik: Im Inneren der Orgel verbinden Holzstäbe die Orgeltasten mit den Pfeifen

Christoph Jedele, *50, Orgelbauer in Männedorf, Schweiz*

Auf der Suche nach dem *perfekten Klang*

Orgelbau ist ist ein Beruf, der mich immer wieder von Neuem fasziniert: Kein anderes Gewerbe verknüpft auf so vielfältige Weise Handwerk und Musik. Meine innige Begeisterung dafür wurde wohl schon in der Kindheit geweckt. Als Junge saß ich an vielen Sonntagen neben meinem Vater auf der Orgelbank in der Kirche und sah und hörte staunend seinem Spiel zu. Ich durfte sogar mittun: Mit großer Andacht zog ich an den richtigen Stellen die Register.

Heute habe ich das Glück, dass ich an allen Phasen des Orgelbaus, von der Planung über die Konstruktion bis zur Montage beteiligt bin. Viele Gewerke kommen dabei zusammen, und ich darf in allen Phasen Hand anlegen. Alles beginnt mit Papier und Bleistift in meinem Büro, mit den ersten Skizzen, die sich nach und nach zu genauen Plänen verdichten. Jede Orgel ist anders, abhängig vom Gebäude, den musikalischen Anforderungen, den Bedürfnissen der Gemeinde.

Nach der Planungsphase wechsle ich vom Schreibtisch in die Werkstätten, was jedes Mal eine kleine Umstellung ist – aber auch eine schöne Abwechslung, gewissermaßen der Herzschlag meiner Arbeit. Ich liebe den Duft und die Haptik der verschiedenen Hölzer, die wir verwenden: Fichte oder Eiche für das Gehäuse und die Holzpfeifen, Birnbaum für die Kernspalte der Orgelpfeife, die den Ton erzeugt, Ebenholz für die Registerknöpfe.

Jedes Gewerk erfordert sein eigenes Geschick: die Anfertigung der großen Blasebälge ebenso wie der Bau des Windladens, in dem die Luft zu den einzelnen Pfeifen geführt wird, oder das Stimmen der Holz- und Zinnpfeifen.

Große Aufmerksamkeit verlangt die komplizierte Mechanik der Spieltraktur, die die Tasten mit den Ventilen der einzelnen Orgelpfeifen verbindet. Sie ist größtenteils aus Holz gefertigt – meistens aus Weißbuche – und muss akribisch zusammengesetzt werden. Nur so kann der Organist die Pfeifen der Orgel zuverlässig und in seinem Sinn zum Klingen bringen.

Thomas Lampert markiert die Konturen der Klinge, um sie später passgenau zu bearbeiten

Achtsamkeit ist oberstes Gebot: vor allem im Umgang mit Werkzeugen wie dem Winkelschleifer

Immer wieder muss der Stahl erhitzt werden, um seine Geschmeidigkeit zu erhalten

Lamperts Werkstatt befindet sich in einem denkmalgeschützten Haus, in dem die Jahrhunderte der Tradition besonders gegenwärtig sind

»Beim Schmieden und Schleifen empfinde ich oft eine innere Ruhe«

Mit Schlägen eines massiven Lufthammers bringt Lampert jede Klinge in Form

Thomas Lampert, *46, Schmied in Guarda, Schweiz*

Im Einklang mit *Hitze, Stahl* und Funken

Ein Schmied gehört zu den Handwerkern, die schnell sein müssen. Wenn ich mit dem Schmiedehammer am Amboss stehe und das Werkstück bearbeite, habe ich dafür nur begrenzt Zeit: Ich muss das Eisen schmieden, solange es heiß ist.

Und doch empfinde ich bei der Arbeit oft eine innere Ruhe. Denn zum einen gibt es ja viel mehr Arbeitsschritte als das Schmieden selbst, zum Beispiel das achtsame Nachschleifen der Klingen. Zum anderen muss ich viele davon wieder und wieder machen, wenn ich eine Serie anfertige. 200-mal das gleiche Messer schmieden oder schleifen – das habe ich früher als äußerst langweilig empfunden. Als Lehrling hat es mich genervt, es ging nicht voran. Heute genieße ich es geradezu.

Denn die damit verbundene Monotonie empfinde ich inzwischen als geradezu meditativ. Wenn ich an meinem Platz im Keller arbeite, habe ich außerdem keinen Smartphone-Empfang. Niemand stört mich, ich kann ganz bei mir und meiner Arbeit sein.

Dass sich die Schmiedewerkstatt in einem denkmalgeschützten Engadiner Haus in einem Bergdorf befindet, trägt ebenfalls einen Teil zu dieser Ruhe bei. Die Jahrhunderte der Tradition sind hier sehr gegenwärtig, ich spüre meine Verwurzelung. Ohnehin läuft auf dem Land alles ein bisschen langsamer als in der Stadt, zumindest im Winter, wenn meterhoch Schnee liegt.

Neben meiner Arbeit als Messerschmied bin ich auch Bauschlosser und Schmied. Durch den Tourismus hat auch dieses Gewerbe seine hektischen Zeiten: Zum Saisonbeginn müssen in den Hotels und Gasthöfen alle Arbeiten abgeschlossen sein. Um wieder zur Ruhe zu kommen, fertige ich gemeinsam mit meinen Kollegen manchmal Werkstücke mit traditionellen Methoden an, die wir in unserem Betrieb ausstellen. Zum Beispiel ein Balkongeländer oder ein Oberlicht nach einem historischen Vorbild.

Da schmieden wir dann jede Windung in alter Manier aus. Das geht nur langsam. Aber das Ergebnis ist viel schöner, als es mit moderner Technik möglich wäre.

Routine mit Tempo: Das Metall lässt sich nur bearbeiten, solange es heiß ist

Jedes Messer ein Unikat – per Hand geschmiedet aus rostfreiem Stahl

Jeder Hut entsteht in Handarbeit und wird aufwendig gebürstet und veredelt

Material als Inspiration: Elke Martensen lagert unter anderem Ripsbänder aus Dutzenden Ländern

Ob aus Filz oder Stroh: Das Hutmachen erfordert immer große Sensibilität, denn jedes Material hat seine Eigenheiten

Rohlinge aus Holz dienen dazu, den warmen, feuchten Filz in Form zu bringen

Früher produzierte Martensen Hüte unter anderem für große Modehäuser in Serie – heute ist jedes Stück ein Unikat

Elke Martensen, *78, Hutmacherin in Tostedt, Niedersachsen*

Vom Genuss, *aus sich selbst* zu schöpfen

Als ich noch voll berufstätig war, war meine Arbeit von verschiedenen Geschwindigkeiten geprägt. Im Sommer und Winter gab es Phasen der Ruhe und Konzentration, in denen ich meine Hutkollektionen für die nächste Saison entwarf. Darauf folgten meist Monate der Hektik, in denen die Modelle rechtzeitig zu den großen Modemessen fertig werden mussten. 80 bis 100 Hutmodelle präsentierte ich dort, die anschließend per Hand produziert und an Boutiquen geliefert werden mussten. Zu Spitzenzeiten fertigte ich mit meinen Mitarbeiterinnen bis zu 1500 Hüte pro Jahr. Ein wahnsinniger Stress!

»Ich nehme mir so viel Zeit, wie es eben braucht«

Heute umfassen meine Kollektionen nur noch wenige Modelle aus Filz und Stroh, die ich auf kleineren Ausstellungen präsentiere. Oft mache ich auch Maßanfertigungen. Ansonsten entwerfe ich fast nur noch Unikate nach den Wünschen meiner Kunden. Ich genieße es sehr, mich ganz und gar auf ein Modell konzentrieren zu können und mir dafür so viel Zeit zu nehmen, wie es eben braucht.

Das fängt schon beim Entwurf an: Ich habe einen Dachboden voller seltener Materialien – geschmeidige Hasenhaarfilze, Seidensamte, Paradiesreiherfedern für die Garnitur. Wenn ich ein neues Modell schaffe, stöbere ich zuerst in meinen Schränken und Kisten. Habe ich mich dann für eine Kreation entschieden, brauche ich volle Konzentration.

Das liegt daran, dass Filz ein empfindliches Material ist, das ich nur während eines kurzen Zeitfensters formen kann: wenn er unter Wasserdampf warm und feucht geworden ist. Dann ziehe ich den Rohling über einen meiner mehr als 100 Modell-Holzköpfe und bringe ihn in die gewünschte Grundform. Den Filz so zu einer Hutkrempe auszuziehen, dass diese genau den richtigen Schwung bekommt, erfordert Geschicklichkeit und Sensibilität.

Oft rührt sie einen Hut mehrere Tage nicht an – erst dann kommt die Idee für eine passende Garnitur

Manchmal muss ich einem halb fertigen Hut etwas Zeit geben, bevor ich weiß, wie ich ihn genau zu Ende arbeite. Ich rühre ihn ein paar Tage lang nicht an. Dann blicke ich mit frischen Augen auf ihn – und weiß auf einmal, welche Garnitur am besten passt.

100 Jahre alt sind die Druckmaschinen, mit denen Schröder Visitenkarten, Briefpapier und Bücher fertigt

Tempo und Langsamkeit wechseln sich zwischen den Arbeitsschritten ab

Die einzelnen Fächer im Setzkasten, in denen die bleiernen Lettern lagern, kennt er auswendig

»Das Auge ist der Hand immer einen Moment voraus«

Ruhe, Konzentration und Fingerspitzengefühl sind erforderlich, wenn Schröder Zeile um Zeile zusammenfügt

Das Druckbild traditionell gesetzter Schriften ist für Schröder unübertrefflich präzise und schön

Martin Z. Schröder, *51, Schriftsetzer in Berlin*

Wenn Buchstaben *zu sprechen* beginnen

Schon als Jugendlicher ging ich oft in eine Setzerei, weil ich den Meister dort sehr mochte: einen freundlichen Mann, der mir viel beibrachte. Mich faszinierte die ruhige, konzentrierte Atmosphäre, die in seinem Betrieb herrschte. Die Buchstaben aus dem Bleisatz, die wir zu immer neuen Texten kombinierten, erschienen mir wie ein Modellbaukasten. Es gab Satzzeichen von ein paar Millimetern Größe, aber auch riesige Lettern, die ich mit beiden Händen halten musste.

Der Zauber dieser Werkstatt hat mich nie losgelassen. Und so habe ich beschlossen, einen eigenen, traditionell arbeitenden Betrieb zu gründen. Das Herstellen der Visitenkarten, Briefpapiere und Bücher, die ich dort setze und drucke, braucht zwar mehr Zeit als in einer modernen, computergesteuerten Anlage. Doch das Druckbild ist unübertrefflich präzise und schön.

Selbst wenn ich bei dieser Arbeit sehr flink bin, geht sie vergleichsweise langsam vonstatten. Für ein Wort, das man innerhalb eines Sekundenbruchteils ausspricht und in zwei Sekunden tippt, brauche ich beim Setzen mindestens zehn Sekunden.

Dazu halte ich in meiner linken Hand eine Schiene, in die ich eine Zeile aus Bleisatz-Lettern einspanne – den sogenannten Winkelhaken. Aus dem Setzkasten, der vor mir liegt, fische ich mit Daumen und zwei Fingern jeden einzelnen Buchstaben. 125 Fächer gibt es in meinem Setzkasten, die Plätze der einzelnen Lettern kenne ich auswendig.

Während die Hand den Buchstaben zum Winkelhaken führt und ihn dort in der richtigen Position einsetzt, geht das Auge schon wieder zum Text und zum Setzkasten. Es ist der Hand immer einen Moment voraus. So kann ich die einzelnen Lettern richtig greifen und drehen.

Dafür braucht es Ruhe und Konzentration, Stille und Fingerspitzengefühl – sonst wäre diese schöne, alte Tätigkeit nicht zu machen. Und auf diese Weise gewinne ich ein sehr inniges Verhältnis zu den Texten, die ich setze, vor allem bei Lyrik: Die Sätze fangen dann an, zu mir zu sprechen.

Der original Davoser Schlitten ist robust und hat eine lange Geschichte – das reizt den Handwerker

Remo Brülhart, *32, Zimmermann in Davos, Schweiz*

Ein Schlitten, *der Erinnerungen* transportiert

Eigentlich ist der klassische Davoser Schlitten ein schlechter Schlitten: Er ist hart, starr und niedrig, und steuern kann man nur mit den Füßen. Aber er ist sehr robust und hat eine lange Geschichte – erst als Transportmittel für die Bergbauern, dann, ab 1883, als Sportschlitten mit Eisenkufen. Wegen dieser Tradition haben wir in der Schreinerei vor drei Jahren angefangen, das Modell wieder nach alter Art zu bauen: mit einer Konstruktion, bei der die meisten Verbindungen nicht geleimt oder verschraubt sind, sondern durch Holzzapfen verbunden.

Dafür verwenden wir langfaseriges Eschenholz, das nicht so leicht splittert wie Eichen- oder Buchenholz und das ich nicht mit Industrielacken, sondern mit Leinöl gegen Feuchtigkeit schütze.

Für ein Exemplar braucht es rund 1000 Handgriffe, die alle sitzen müssen, vom Biegen der Kufen über Wasserdampf bis zum Bohren der Schlitze und Löcher für die Holzzapfen. Am schönsten ist die Montage: Dann setze ich einen Schlitten zusammen wie ein riesiges Holzpuzzle. Das ist Millimeterarbeit – denn wenn eine Kufe nur ein winziges Stückchen vorsteht, zieht der Schlitten bei der Abfahrt in ebendiese Richtung.

Meistens höre ich dabei Musik und bin dann ganz in meiner eigenen Welt, ruhig und konzentriert. Wenn ich zusammen mit Freunden die Schlittelpisten in Davos herunterrase, geht es dagegen recht wild zu. Irgendjemand landet mit seinem Schlitten immer im Wald, meistens gibt es Blessuren, aber zum Glück nie etwas Schlimmes. Aus der Kurve zu fliegen oder in Schneelöchern stecken zu bleiben und vom Schlitten zu fallen gehört einfach dazu.

Manchmal erzählen mir ältere Menschen ihre Schlittengeschichten von früher – dann merke ich, dass es bei ihnen auch nicht viel anders zugegangen ist. So einige Jugendlieben haben sich beim Schlitteln entwickelt. Ich glaube, das liegt an dieser speziellen Verbindung aus romantischen Natureindrücken in den verschneiten Wäldern beim langsamen Aufstieg und dem Nervenkitzel bei der Abfahrt.

Holz, Viehfutter, Sportler, Liebespaare – der Davoser Schlitten hat schon vieles befördert. Heute transportiert er außerdem noch etwas anderes: Erinnerungen an die Jugend. ◂

Am Ende setzt er den Schlitten wie ein riesiges Holzpuzzle zusammen

Das langfaserige Eschenholz behandelt Brülhart nicht mit Industrielacken, sondern mit Leinöl

»Ich bin hier ganz in meiner eigenen Welt, ruhig und konzentriert«

Die Montage des Gefährts ist Millimeterarbeit: Schon kleinste Abweichungen führen zu Einschränkungen bei der Fahrt

Für einen Schlitten nach alter Art braucht Brülhart rund 1000 Handgriffe – vom Biegen der Kufen bis zum Feinschliff

Bei der traditionellen Konstruktion werden nur wenige Verbindungen geleimt oder verschraubt: Für Stabilität sorgen Holzzapfen

warum unser *leben* immer *hektischer* wird

Viele Menschen fühlen sich gestresst, getrieben, leben in Zeitnot. Der Soziologe Hartmut Rosa erklärt, weshalb der Takt der Gesellschaft sich beschleunigt, worin die wahre Ursache von Burnout liegt – und worauf es heute wirklich ankommt

Temporausch

Die Moderne beruht darauf, Zeit zu sparen. Doch stellt sich beim Einzelnen paradoxerweise nie Zeit-Reichtum ein

INTERVIEW:

Rainer **Harf** und Sebastian **Witte**

•

ILLUSTRATIONEN:

Nishant **Choksi** für GEO WISSEN

GEO WISSEN: ***Herr Professor Rosa, viele Menschen plagt heute das Gefühl, nicht genug Zeit zu haben. Wann hat das begonnen?***

PROF. HARTMUT ROSA: Ganz so neu, wie es uns manchmal erscheint, ist das nicht, es begann schon im 18. Jahrhundert. Damals wandelte sich die Gesellschaft massiv, erlebte einen gewaltigen Schub der Veränderung – vor allem mit der Entwicklung einer vom Markt gesteuerten Wirtschaft. Zwar waren auch Gemeinschaften zuvor nicht statisch, auch sie haben sich beständig verändert, durch Kriege, Dürren, Krankheiten, den Wechsel der Herrscher – oder durch Zufall, etwa wenn jemand eine Entdeckung gemacht hatte.

Aber dass eine Gesellschaft gar nicht anders kann, als sich zu verändern, das war ein modernes Prinzip, das mit dem Kapitalismus aufkam. Denn wirtschaftliche Tätigkeit funktionierte von nun an nur durch das Versprechen, dass man mehr gewinnt, als man eingesetzt hat: Geld wird ja immer in der Hoffnung investiert, dass mehr Geld rauskommt.

Fortan musste in immer weniger Zeit immer mehr produziert werden. Denn nun galt: Zeit ist Geld!

Drückte sich diese Beschleunigung anfangs nur in der Ökonomie aus?

Nein, das geschah auf allen Ebenen. Etwa in der Wissenschaft: Hatte man bis zum 18. Jahrhundert Bildung vornehmlich als Schatz angesehen, der von einer Generation zur nächsten weitergegeben wird, kam nun eine völlig neue Dynamik in Gang. Laufend wurden jetzt neue Fragen gestellt, ständig neue Projekte ins Leben gerufen, immer neue Antworten gefunden.

So fing etwa Charles Messier an, den Himmel systematisch nach auffälligen Nebelfleckchen zu durchforsten, nach Galaxien also, und die Astronomie nahm einen gewaltigen Aufschwung. Aber auch die moderne Agrochemie entstand. Mit Teleskopen weit ins All, mit Mikroskopen tiefer in die Materie hinein: Das war die Logik.

Auch in der Kunst zeichnete sich das Prinzip ab. Die Malerei war jetzt nicht mehr mimetisch, Künstler ahmten nicht mehr einfach nur die Natur nach oder imitierten die alten Meister – sondern sie suchten das Originelle, das Innovative. Am deutlichsten kommt dies im Geniekult zum Ausdruck und in den Werken des Sturm und Drang.

Überall ging es zunehmend darum, das Vorgängige zu überbieten. Und immer tiefer verankerte sich die Überzeugung, dass sich eine Gesellschaft nur erhalten kann, wenn sie sich verändert, beschleunigt, wächst, innoviert. Steigerung wurde eine strukturelle Notwendigkeit. Das war im 18. Jahrhundert wirklich neu.

Aber mit jeder technischen Neuerung verschafften Menschen sich doch mehr Zeit, nicht weniger.

Natürlich, die ganze Moderne ist eine einzige Geschichte des Zeitsparens und der Beschleunigung: Mit dem Auto kommen wir rascher voran als zu Fuß, mit dem Flugzeug schneller als mit dem Auto. Waschmaschinen, Staubsauger, Mikrowellen sparen Zeit, E-Mails erreichen ihren Adressaten in Sekundenschnelle. Fast jede Technik ist mit dem Versprechen verbunden, dass wir mit ihr Zeit gewinnen.

Paradoxerweise stellt sich dennoch kein Zeitreichtum ein, sondern Zeitknappheit. Denn die Aufgabenmenge nimmt so rasant zu, dass wir sie trotz des Zeitgewinns nicht abarbeiten können. Früher wechselten Menschen einmal in der Woche ihre Kleidung, heute machen wir das täglich. Statt zehn Briefe zu schreiben, lesen wir 30, 40 oder noch mehr E-Mails. Und mit dem Auto legen wir natürlich viel weitere Strecken zurück als Menschen vormals zu Fuß. Die neuen Techniken versprechen aber nicht nur eine Zeitersparnis, sondern in der Regel auch eine Horizonterweiterung.

Was meinen Sie damit?

Mit vielen technischen Neuerungen vergrößern sich unsere Optionen. Viele Innovationen bringen uns mehr Welt in Reichweite. Besitze ich beispielsweise ein Auto, weitet sich mit einem Mal der Horizont, vermehren sich die Möglichkeiten: Ich kann am Abend noch schnell in die Stadt fahren, ein Konzert besuchen, in die Natur hinausgehen, einen Freund treffen. Genauso verhält es sich mit dem Smartphone: Habe ich es dabei, eröffnen sich plötzlich viele neue Optionen – nun kann ich überall und jederzeit online gehen, kann chatten, Nachrichten schauen, shoppen, spielen. Und genau danach sehnen wir uns: nach immer mehr Optionen.

Sind wir einer Sucht ausgeliefert?

Ja, man kann unser Verhalten mit dem eines Süchtigen beschreiben. Wir gieren nach mehr Möglichkeiten, mehr Handlungen, mehr Erlebnisepisoden – und dementsprechend brauchen wir auch mehr und mehr Zeit. Wir können gar nicht anders.

Weshalb?

Weil wir es für eine Bedingung des gelungenen Lebens halten, möglichst viel Welt in unsere Reichweite zu bringen. Hinzu kommt: Wir gehen von der irrigen Vorstellung aus, dass allein schon ein Mehr an Auswahlmöglichkeiten Glück auslöst. Dass wir immer mehr Freiheit erlangen.

Prof. Dr. Hartmut **Rosa**

Der renommierte Zeitforscher lehrt Soziologie an der Universität Jena und leitet das Max-Weber-Kolleg in Erfurt.

Ein Trugschluss?

Ja. Er besteht darin, dass die Steigerung von Möglichkeiten an sich keinen Wert hat; die permanente Vermehrung von Optionen ist ja noch kein Zugewinn an Freiheit. Der tritt logischerweise erst dann ein, wenn ich meine Wahlmöglichkeiten auch realisiere.

Können Sie Beispiele nennen?

Etwa wenn ich von den Büchern, die ich kaufe, ein paar auch wirklich lese; wenn ich das Teleskop, das ich mir geleistet habe, auch wirklich benutze, oder von den Opernhäusern, die ich in Reichweite habe, auch eines besuche.

Die Illusion gründet darin, dass viele Menschen inzwischen ihr Glück allein daran bemessen, wie viele Optionen sie haben. Ihre ganze Libido hängt mittlerweile am Erschließen von Optionen. Das aber ist ein kultureller Irrtum, denn das Leben wird erst dann gut, wo man eine Möglichkeit auch tatsächlich umsetzt.

In unserer Gesellschaft haben wir das Gefühl, frei zu sein. Keiner sagt uns, wie wir leben müssen, ob und wen wir heiraten müssen, was wir glauben sollen. Und doch sagen die meisten Menschen bei fast allem, was sie tun: „Ich muss." Den ganzen Tag müssen wir. Wir sitzen fast alle in erbarmungslosen Hamsterrädern. Wir sind also gleichzeitig maximal frei und maximal unter Zwang. Und zugleich wollen wir uns so viele Optionen wie möglich offenhalten, wollen uns nie und nirgends festlegen.

Führt das zu Atemlosigkeit und Verunsicherung? Denn wer sich festlegt, könnte ja etwas noch Verheißungsvolleres verpassen.

Ja, und in dieser Unschlüssigkeit drückt sich eine weitere Angst aus: davor, stehen zu bleiben – und so zurückzufallen. Wer sich an etwas festhält, ist nicht flexibel. Unsere Beschleunigungsgesellschaft aber erfordert einen extrem hohen Grad an Flexibilität. Je dynamischer die Gesellschaft wird, je schneller sich Kontexte ändern, umso verhängnisvoller wird es, sich festzulegen.

Man kann heute nicht mehr sagen: Ich bin Schuster und werde für immer Schuster bleiben. Eine solche Strategie ist nicht zeitgemäß. Oder: Ich kaufe mir den neuesten Computer, und mit dem werde ich alt. Stehen bleiben heißt heute immer: zurückrutschen. Wir befinden uns quasi auf Rolltreppen abwärts. Wenn ich sage: So, jetzt habe ich, was ich brauche, befinde ich mich schon auf dem Weg nach unten. Es ist ein Gefühl, als stünde man auf rutschenden Abhängen.

Ist also Angst unser Motivator?

Im Kern ja. Viele meinen, Gier treibe uns an, das ist falsch: Es ist die Angst. Wir sind gar nicht getrieben von dem Verlangen, immer höher, immer schneller, immer weiter zu kommen, sondern von der Angst, nicht mehr mitzukommen, abzurutschen, zurückzufallen.

In der Beschleunigungslogik spiegelt sich auch die Angst vor dem Tod. Jeder weiß, dass er irgendwann sterben muss, dass seine Zeit begrenzt ist. Ohne Gott und Glauben bezieht sich all unser Handeln und Sein einzig auf das Diesseits. Wenn es uns nun gelänge, immer schneller zu werden, immer mehr in immer kürzerer Zeit zu erleben, zu reisen, zu konsumieren, zu produzieren, dann könnten wir das Leben dehnen, dem Tod förmlich entrinnen. Dann könnten wir die ganze Welt vor dem Tod ausschöpfen, gleichsam ein ewiges Leben vor dem Tod haben. Wir alle sagen doch: Klar muss ich irgendwann sterben, aber bevor es so weit ist, will ich noch ganz viele Dinge tun.

War das nicht zu allen Zeiten so?

In gewisser Weise ja. Doch seit den 1990er Jahren erleben wir eine massive Beschleunigungswelle, ausgelöst durch das Internet und die Digitalisierung zahlloser Prozesse – in der Kommunikation, Produktion, im Transport. Gleichzeitig sind die Informations- und vor allem Geldströme global geworden. Durch die Deregulierung und Digitalisierung der Finanzmärkte rasen gewaltige Kapitalmengen in Sekundenbruchteilen um die Welt.

Die massivste Veränderung, der am tiefsten greifende Wandel aber hat sich in den letzten Jahrzehnten in uns selbst vollzogen. Es ist zu einem radikalen Perspektivwechsel gekommen.

Wie meinen Sie das?

Über lange Zeit glaubten Menschen, durch Fortschritt und Veränderung werde die Welt nicht nur anders, sondern auch besser. Mit der Beschleunigung ging also eine Hoffnung einher: Durch Wachstum überwinden wir ökonomische Knappheit, Mangel, Armut, Unwissenheit. Der technische Fortschritt wird uns auch helfen, das Zeitproblem zu überwinden.

Diese Sicht hat sich stark gewandelt. Heute haben Menschen nicht mehr das Gefühl, Wachstum und Beschleunigung dienten der Verbesserung der Welt – sondern der Vermeidung der Krise. Das politische, wissenschaftliche und wirtschaftliche Credo lautet heute nicht mehr: Wir wollen wachsen und beschleunigen, um die Welt besser zu machen. Sondern: Wir müssen alles Erdenkliche tun, um unsere Innovationskraft zu steigern, unsere Produktivität zu erhöhen, Wachstum zu sichern.

Druck der Technik

Die Digitalisierung bringt Menschen zusammen – und überlastet sie zugleich. Denn immerzu fordert sie von uns, aktiv zu sein: zu reagieren

Andernfalls würden wir abgehängt werden im globalen Wettbewerb.

Genau, ohne Wachstum und Beschleunigung drohen ökonomische und politische Krisen. Aber selbst und gerade mit Wachstum und Beschleunigung drohen ökologische Krisen. Der Motivator, der Antrieb liegt also nicht mehr vor uns, sondern hinter uns: Wir laufen nicht auf eine verheißungsvolle Zukunft zu, sondern wir rennen vor einem düsteren Abgrund davon.

Das ist ein Wandel der kulturellen Perspektive um 180 Grad.

Diesen perspektivischen Bruch offenbaren etliche Umfragen in Japan, in den USA, in Europa. Mehr und mehr Eltern sagen: Wir investieren alles, was wir haben, nicht etwa, damit unsere Kinder eine bessere Zukunft haben – sondern damit ihre Zukunft nicht noch schlechter aussieht als die Gegenwart.

Führt dieser Verlust an Hoffnung unter anderem auch dazu, dass immer mehr Menschen an Burnout und Depressionen erkranken?

Ja. Das ist genau meine These. Burnout entsteht nicht dadurch, dass man viel zu tun hat. Arbeit macht ja per se weder krank noch unglücklich. Und auch früher schufteten Menschen immens viel. Denken Sie nur an die Trümmerfrauen. Die haben unfassbar hart gearbeitet, die waren auch erschöpft. Aber die litten nicht an der Art von Burnout, die wir heute beobachten.

Das lag daran, dass es für die Menschen damals einen Zielhorizont gab: die Hoffnung, irgendwann wird der Trümmerberg abgebaut sein, irgendwann wird ein neues Haus dort stehen – und die Welt besser sein.

Die heutigen Zielhorizonte dagegen scheinen nicht erreichbar zu sein: Optimierung kennt keine Ziellinie. Man kann Quartalszahlen in Unternehmen, Quoten in den Medien, Publikationslisten in den Wissenschaften und auch den Body-Mass-Index immer weiter verbessern. Völlig gleichgültig, wie effizient, innovativ, groß wir heute sind – morgen müssen wir noch eine Schippe drauflegen, wenn wir unseren Platz halten wollen.

Wie sehr stresst es Arbeitnehmer, dass Arbeitsprozesse in rascher Folge umorganisiert werden?

Es ist in der Regel kein Problem für einen Menschen, sich neuen Bedingungen anzupassen – aber nur, wenn er nach einer Eingewöhnungsphase mit einer längeren Zeit der Stabilität rechnen kann. Doch heute spürt man einen regelrechten Drang vieler Chefs nach ständiger Umorganisation, um mehr Effizienz zu erreichen. Und so ist den Angestellten klar: Die nächste Reform folgt in Kürze, ich kann mich gar nicht mehr eingewöhnen.

Nishant **Choksi,**

lebt in Großbritannien und zeichnet unter anderem für den »New Yorker« und die »New York Times«.

Diese Haltung lässt Menschen zynisch werden, der Arbeit, der Welt, dem Leben gegenüber. Der nächste Schritt ist dann: Burnout. Das ist auch eine Folge davon, dass Menschen die Resonanzerfahrungen fehlen.

Was verstehen Sie darunter?

Resonanz erfahren wir, wenn uns etwas in der Tiefe berührt, wenn wir uns bewegt fühlen. Dann fühlen wir uns in einer bestimmten, positiven Weise in die Welt gestellt. Das kann auf unterschiedlichsten Ebenen geschehen. Manche Menschen erfahren Resonanz, wenn sie sich in die Natur begeben, ans Meer, in den Wald, in die Berge. Dort haben sie das Gefühl, mit Leib und Seele ganz anders in die Welt gestellt zu sein, mit ihrer Umgebung in Einklang zu stehen.

Oder weshalb gehen Menschen ins Konzert? Weil sie berührt werden wollen. Wer weint – beim Erklingen einer Symphonie oder wenn er einen Film anschaut –, der wird berührt, den erreicht die Welt. Auch Religiosität birgt ein Resonanzversprechen. Die Bibel ist ein Dokument des Flehens und Flüsterns, Rufens und Schreiens und Bittens und Betens nach Gott, sie birgt das Versprechen: Da hört dich einer, durch Gott erfährst du Resonanz.

Gibt es solche Resonanzerfahrungen auch in der Arbeitssphäre?

Gewiss, und dort sind sie besonders wichtig: Ein Lehrer kann das Gefühl haben, dass er seine Schüler erreicht, dass er etwas bewirkt. Und dass von den Schülern etwas zu ihm zurückkommt. Das ist der Hauptgrund, weshalb sich Menschen ehrenamtlich engagieren: Sie sagen, da kommt etwas zurück. Doch heutzutage beklagen

Bloß kein Stillstand

Stehen bleiben heißt heute: zurückrutschen, sagt Rosa. Nicht Gier sei daher der größte Motivator der Gegenwart, sondern Angst

immer mehr Menschen, dass sie etwas Vergleichbares auf der Arbeitsstelle nicht mehr erleben.

Und dieser Mangel an Resonanz führt zu Burnout?

Menschen, die an Burnout erkranken, sagen fast unisono: Ich habe mich abgearbeitet und mich bemüht, aber da kam nichts zurück. Ich hatte das Gefühl, ich arbeitete im leeren Raum. Wenn man über lange Zeit unter hohem psychischen Druck steht und übermäßig viel leistet, hat man irgendwann keine Lust und keine Zeit mehr, sich auf Kollegen einzulassen. Man ist nur noch in der Lage, fast mechanisch mit den anderen zu interagieren, zu funktionieren.

Man gerät nicht mehr in Schwingung mit anderen Menschen.

Richtig. Ganz dramatisch ist das in solchen Berufen, bei denen es in besonderer Weise auf zwischenmenschliche Resonanz ankommt. Daher gibt es auch viele Burnout-Fälle in den sozialen Berufen, bei Pflegekräften, Lehrern, Betreuern, Erziehern – alles Personen, die in ihren Berufen in besonderer Weise auf eine wechselseitige, auf eine antwortende Beziehung angewiesen sind. Auf Resonanz.

Auf Zeit, die sie mit ihrer Klientel verbringen.

Das ist der entscheidende Punkt. Der Aufbau solcher Beziehungen ist zeitintensiv. Und er wird durch die permanente Beschleunigung erschwert. Eine Krankenschwester, die ihre Arbeitszeit in Minuten eingeteilt bekommt, kann weder den Bedürfnissen der Patienten nach Resonanz noch ihren eigenen nachkommen.

Wenn man dieser Anforderung ausgesetzt ist, sie aber durch Überforderung und Zeitdruck immer weniger erfüllen kann, und wenn auch noch die Anerkennung fehlt, dann gerät man in eine Art Versteinerungsmodus. Dieses Missverhältnis macht Menschen auf Dauer krank und führt zu Burnout.

Heißt das: Die Beschleunigung, die wir heutzutage erleben, geht insgesamt auf Kosten unserer Mitmenschlichkeit?

Ja, das steigende Tempo führt zu einer Entsolidarisierung. Je gestresster ich bin, desto weniger empathisch kann ich sein. Das bemerkt jeder in alltäglichen Situationen.

Mir geht es oft so, wenn ich dringend irgendwohin muss, der Zug Verspätung hat, mir im Gang eine Rentnergruppe den Weg blockiert. Dann ertappe ich mich bei dem beschämenden Gedanken, dass ich am liebsten eine Knarre hätte – um mir den Weg freischießen zu können. Da zeigt sich, wie Stress, Zeitdruck, Beschleunigung die Fähigkeit zu sozialer Rücksichtnahme untergraben.

> **»Langsamkeit** ist kein **Selbstzweck.** Aber sie hilft zu erkennen, was **wichtig** ist«

Auch hier sieht man Resonanzverlust: Empathie ist eine Form von zwischenmenschlicher Resonanzfähigkeit. Es gibt eine große US-Studie über den Rückgang an Mitgefühl: Die Grundbereitschaft, sich auf andere einzulassen, hat danach zwischen 1979 und 2009 um fast 40 Prozent nachgelassen.

Wie wirkt sich die Entsolidarisierung in Betrieben aus?

Zum Teil dramatisch. In manchen Unternehmen spürt man ein regelrechtes organisatorisches Kammerflimmern: Ständig wird umgestaltet, Prozesse werden laufend verändert, Abteilungen aufgelöst und neu gruppiert. Dieser stete Wandel führt zum Verlust von Resonanz – und das kann drastische Folgen haben.

Ein erschreckendes Beispiel dafür bietet die France Télécom, deren Führung vor einigen Jahren das Motto „Time to Move“ zum Prinzip erhoben hat: Nach spätestens 36 Monaten mussten Führungskräfte ihre Position wechseln, man befürchtete, es mindere die Effizienz, wenn leitende Mitarbeiter zu viele persönliche Beziehungen aufbauten und sich gewissermaßen heimisch fühlten, sie sollten flexibel bleiben.

Die Folge dieser ständigen Veränderungen waren aber enorm hohe Burnout-Raten, Depressionen und eine Welle von Selbstmorden. Innerhalb von zwei Jahren brachten sich 40 Angestellte um.

Gehen Depressionen immer auf einen Mangel an Resonanzerfahrungen zurück?

Ganz sicher sind sie mit einem umfassenden Resonanzverlust verbunden, ich würde sogar so weit gehen zu behaupten: Eine schwere Depression ist der Zustand, in dem alle Resonanzachsen verstummen.

Die Beweise dafür sind wirklich überwältigend, Depressive schildern genau das: Die Welt um mich herum scheint stumm, tot, leer, kalt, sie schweigt; und auch in mir schweigt alles – ich selbst fühle mich leer, tot, stumpf.

Würden Sie also sagen, jeder Mensch muss mehr Resonanzerfahrungen machen?

Nein, eben nicht. Resonanz kann man nicht ohne Weiteres herstellen, sozusagen nach Plan, strategisch – sie hat immer etwas Unverfügbares und Flüchtiges an sich. Das Glück, das uns beim Anblick eines Sonnenuntergangs überwältigt, ist ein gutes Beispiel. Es liegt nicht in unserer Macht zu planen, wie ein Sonnenuntergang ausfällt, obendrein verändert sich dessen Schönheit laufend und vergeht.

Ebenso ist es bei Musik: Die beglückenden Stellen lassen sich nicht einfrieren. Und wenn ich nur meine Lieblingspassage in Endlosschleife höre, nutzt sich die tiefe Empfindung bald schon ab.

Was raten Sie gestressten Menschen, die sich erschöpft fühlen?

Diese Frage bringt mich immer wieder in Schwierigkeiten. Es gibt kein richtiges Leben im falschen, hat schon der Philosoph Theodor Adorno gesagt – das Individuum ist nicht in der Lage, ein strukturelles gesellschaftliches Problem zu lösen.

Außerdem: Beschleunigung ist ja nicht grundsätzlich schlecht, Entschleunigung nicht grundsätzlich gut.

Wir müssen uns klar machen: Langsamkeit ist kein Selbstzweck. Ich will durchaus keine langsame Achterbahn, keine langsame Internetverbindung, keine langsame Feuerwehr. Ich bin ganz sicher kein Entschleunigungs-Guru! Ich will nicht sagen: Leute, entspannt euch, hört schöne Musik, dann geht es euch gut.

Die grundlegende Frage ist: Wie gelingt ein gutes Leben? Ganz sicher nicht durch die blinde Vermehrung von Optionen. Aber natürlich will ich auch nicht sagen, man könne gar nichts tun, die Welt sei nun mal schlecht.

Ich denke, wir sollten eine Sensibilität dafür gewinnen, was uns wirklich wichtig ist. Den Blick dafür haben viele nicht mehr. Doch das Wissen um die Bedeutsamkeit ist die Basis für ein gelungenes Leben, für Stabilität – für Resonanz.

Wie können Menschen erspüren, was für sie bedeutsam ist?

Eine Möglichkeit besteht darin, sich zu fragen: Was war im vergangenen Jahr das Wichtigste für mich? Viele Menschen beenden ihre jeweils individuelle Antwort mit den Worten: „... das hat mich wirklich berührt, das hat mich bewegt." Solche Formulierungen sind ein Indikator für etwas Bedeutsames, für das, was wirklich wichtig im Leben ist. Das werden auch die Momente sein, an die wir uns am Ende unseres Lebens, kurz bevor wir sterben, erinnern. Die Sensibilität für das Bedeutsame zurückzugewinnen, das ist das Beste, was man tun kann.

Ein ganz deutliches Merkmal von echter Resonanz ist, dass sie sich der Steigerungslogik entzieht. Glück ist nicht steigerungsfähig, es ist auch gar nicht steigerungsbedürftig.

Wie entscheidend ist es, Zeit mit sich selbst zu verbringen?

Die Erfahrung, eine solche Ich-Zeit zu erleben, ist wichtig. Danach sehnen sich viele, und doch haben immer mehr Menschen fast Panik davor, allein zu sein. Sie ertragen es nicht, Zeit mit sich selbst zu verbringen, schalten sofort TV-Gerät oder Computer an, schreiben Nachrichten auf dem Smartphone oder lenken sich mit Spielen ab.

Woran liegt das?

Wir haben Angst davor, uns selbst ausgesetzt zu sein – davor, dass uns eine Leere entgegengähnt. Dass in uns niemand ist, mit dem man Zeit verbringen kann oder möchte. Unser Wunsch ist es zwar, in tiefere Resonanz mit uns selbst zu kommen: Doch wir befürchten, dass wir uns gar nicht mehr spüren, weil wir es nicht mehr gewohnt sind, weil wir uns von uns selbst entfremdet haben. Also schalten wir den Computer an.

> »Mit dem **steigenden Tempo** sinkt die Fähigkeit, sich in andere **einzufühlen«**

Ich nehme mich da gar nicht aus, mir geht es oft am Abend so, dass ich noch mal schnell im Internet surfe – ohne dass dies irgendeinen sinnvollen Nutzen hat.

Selbst tagsüber füllen ja mehr und mehr Menschen jede noch so kleine Pause, indem sie sich ablenken, etwa auf ihr Smartphone schauen.

Darin drückt sich ein Defizit aus. Wer mehrere Dutzend Mal am Tag prüft, ob er eine Nachricht, eine E-Mail, einen Kommentar erhalten hat, der muss sich offenbar sehr oft vergewissern, dass andere noch an ihn denken und ihm gewogen sind. Dass ihm also die Welt auch antwortet. Wenn wir nicht laufend neue Nachrichten erhalten, haben wir das Gefühl, etwas stimme nicht mit unserer Weltbeziehung, wir seien abgetrennt von der Welt.

So durchdringt die Wettbewerbslogik zunehmend auch unsere Beziehungen. Und ebendies versuchen wir beständig zu messen: durch die Anzahl von Freunden in sozialen Netzen, von Followern, von „Gefällt mir"-Clicks.

Heute pflegen wir viel mehr Kontakte als früher, konsumieren viel mehr Informationen, lernen viel mehr technische Neuerungen kennen. Wir sind also viel reicher an Erlebnissen, aber dennoch ärmer an Erfahrungen. Denn Erlebnisse werden nicht mehr in Erfahrungen transformiert.

Eine Erfahrung ist etwas, was zum Teil meiner eigenen Geschichte wird, zum Teil meiner Identität.

Wie beschleunigt wird unsere Gesellschaft in 50 Jahren sein?

Man muss sich hüten, Zukunftsszenarien zu entwerfen, die erfüllen sich ohnehin nie – vor allem die berühmten kulturpessimistischen, die apokalyptischen Visionen. Denken Sie daran, was viele Menschen noch Anfang der 1980er Jahre für gewiss hielten: dass im Jahr 2000 beinahe alle Wälder abgestorben sein würden, sämtliche Flüsse vergiftet, dass wir vielerorts nur noch mit Gasmasken rumlaufen könnten, es längst keinen Tropfen Erdöl mehr gäbe. Nichts davon ist eingetreten.

Glauben Sie denn, dass es mit der Beschleunigung des Lebens immer so weitergeht?

Wenn sich die gesellschaftlichen und insbesondere die ökonomischen Bedingungen nicht ändern, müssen wir danach streben, die Geschwindigkeit, auch die unserer Körper, noch zu erhöhen. Sei es mit der Verschmelzung von Organen, von Nerven und künstlichen Bauteilen, Computern. Oder auch mithilfe von Medikamenten. Es mag abenteuerlich klingen, aber wir sind nicht

Last der Zeitnot

Wer sich permanent gehetzt fühlt, kann irgendwann nur noch wie mechanisch funktionieren – und droht in einen Burnout zu geraten

so weit davon entfernt. Der Konsum dämpfender Substanzen ist zurzeit eher rückläufig: Marihuana, Alkohol, LSD, Heroin. Dagegen sind alle Stoffe, die vorgeblich die Leistung erhöhen, im Vormarsch: Energydrinks, Amphetamine, Speed, Kokain.

Ich kenne Kollegen in den USA, die schreiben ihre Texte nur, nachdem sie Ritalin genommen haben. Es gibt in den USA ein Medikament, das heißt „Focusfactor“: Wer Konzentrationsschwierigkeiten hat, schmeißt sich eine Pille ein und kann weiterarbeiten.

Wie schützen Sie sich persönlich vor zu viel Stress?

Auch ich lebe sehr beschleunigt, da möchte ich mich gar nicht ausnehmen. Und doch lebe ich in gewisser Weise konservativ. Denn ich halte eisern an bestimmten Traditionen und Routinen fest, die mir heilig sind. So spiele ich etwa regelmäßig Orgel in der Kirchengemeinde, montags ist immer Probe – völlig egal, was sich spontan ergeben könnte, das muss warten. Ich kümmere mich zudem um einen Tennisclub in meinem kleinen Schwarzwalddorf; das liegt zwar 600 Kilometer entfernt, aber die Verankerung ist mir sehr wichtig.

Ich habe, bildlich gesprochen, ein paar Pflöcke in mein Leben geschlagen. Manche geben mir seit Jahren Halt.

Welche?

Jeden Sommer verbringe ich drei Wochen in einer Sommerakademie, wo 90 hochbegabte Schüler zusammenkommen. Manche Kollegen sagen: Musst du dir auch noch das aufladen? Für mich ist es aber das Gegenteil von Stress, da entsteht eine Oase der Unerreichbarkeit, der Entschleunigung. Zwar herrscht dort reges Treiben, aber in der Zeit ist mir die Außenwelt völlig egal: Meine Reichweite ist in diesen drei Wochen begrenzt auf einen Umkreis von ein paar Hundert Metern und auf eine Gruppe von gut 100 Menschen.

Schaffen Rituale Verlässlichkeit?

Sicher – gerade heute, wo sich feste Zeitfenster zunehmend auflösen, wo keine Sache mehr ihre eigene Zeit hat und sich unsere Lebenssphären zunehmend verschränken. Die Pflöcke geben Halt, die Traditionen sind nicht verhandelbar. Menschen brauchen ein paar Pflöcke im Leben! Der heilige Familienbereich, der „Tatort“ am Sonntag, die regelmäßige Chorprobe am Dienstag.

Haben Sie noch einen Tipp für jene, die einmal das Gefühl haben wollen, endlich genug Zeit zu haben?

Das ist recht einfach. Anders als Geld kann man Zeit ja nicht anhäufen. Daher sollte man einen ganz anderen Weg als bei den Finanzen einschlagen. Zeitsparen ist nicht die Methode der Wahl. Wer sich reich an Zeit fühlen möchte, sollte hin und wieder einen Tag verschwenden, nichts planen, nichts Produktives tun. In dem Moment, wo man entscheidet, Zeit zu vergeuden, gewinnt man sie plötzlich.

Ein weiteres Beispiel: Schon seit 30 Jahren verbringe ich die Tage zwischen Weihnachten und Neujahr in meinem Heimatdorf im Schwarzwald – und in dieser Zeit verlasse ich das Dorf nicht, komme, was wolle.

Also auch so eine Oase der Unerreichbarkeit.

Ja, besonders dann, wenn ich ganz großes Glück habe: Wenn der Schnee schwer auf den Fichten liegt, kippen mitunter die Hochspannungsmasten um. Dann fällt der Strom aus. Und ich bin glücklich: Sobald der Akku meines Mobiltelefons leer ist, kann ich weder telefonieren noch ins Internet; ich kann das TV-Gerät nicht einschalten und auch keine CDs hören, der Flughafen ist weit entfernt. Ich falle gewissermaßen aus der Zeit heraus. Und habe überhaupt kein schlechtes Gewissen, einfach mal absolut nichts zu tun. ◂

alltag im zyklus der natur

TEXT:
Andreas **Wenderoth**
•
FOTOS:
Anne **Gabriel-Jürgens**

Über den Sinn des Seins nachdenken – und den **Geist zur Ruhe** kommen lassen: Beides strebte Andreas Wenderoth an. Und begab sich deshalb **mit einem Schäfer** auf viertägige Wanderschaft in der Fränkischen Schweiz

Gleichmaß

Jeden Abend treibt der Wanderschäfer Felix Steinhagen seine mehr als 1000 Tiere zu einem Ruheplatz für die Nacht

Gerahmt von zwei Hirtenhunden, wartet Felix Steinhagen da am Berg und winkt mit Händen so groß, dass sie die tief stehende Sonne zu verdunkeln scheinen.

Er ist ein braun gebrannter Mann, 29 Jahre alt, Filzhut, und derartig lässig auf seinen Hirtenstab gestützt, als wäre er mit ihm verwachsen.

Ruhig schaut er aus meerblauen Augen und steht einfach da. So wie es sein sollte (und wie auch ich es mir immer wieder vornehme): mit den Füßen fest auf der Erde. Ganz bei sich.

Ich treffe den Wanderschäfer außerhalb des oberfränkischen Weismain, eines Städtchens von knapp 5000 Seelen. Ein paar Tage will ich mit ihm und seiner Herde verbringen. Eine Art große Meditation, so hoffe ich: Felix, 1050 Schafe, ein paar Ziegen und ich.

Ein Städter in der Natur der Fränkischen Schweiz, ein gehetzter Großstadtmensch in der entschleunigenden Muße des Schäferlebens. Mit der Hoffnung, dass etwas von ihm abfallen möge. Dass sich gedankliche Verwicklungen dank der Zugewandtheit zu Tier und Landschaft gleichsam von selbst lösen.

Und ein Schäfer, der etwa halb so alt ist, der aber, wenn es um den Fluss des Lebens geht, möglicherweise viel mehr weiß als ich.

„Ich bin zufrieden mit dem Leben“, sagt er beim ersten Treffen, als wäre dies der selbstverständlichste Satz, wenn zwei Menschen sich einander vorstellen.

Von dem kannst du lernen, denke ich mir.

Anne **Gabriel-Jürgens**

Der Hamburger Fotografin gelingt es immer wieder, mit ihren Fotos poetische Momente einzufangen.

Dabei ist es gar nicht so, dass er übermäßig viel redet. Jedenfalls nicht einfach so. Doch der selbst gewählte Rückzug in die Einsamkeit heißt nicht, dass einem die Worte verloren gehen.

Auf den Mund gefallen ist Steinhagen nicht, und wenn man bestimmte Themen antippt – Landwirtschaft, Behördenkram, EU-Verordnungen –, kann es sein, dass er regelrecht ins Reden kommt.

Nur bei der Arbeit hat er eben meist am liebsten seine Ruhe. Denn er macht das, was er macht, ja vor allem wegen dieser Ruhe.

Am Horizont sind die Wälder der Fränkischen Alb zu erkennen sowie das Hochplateau des Großen Kordigast, 536 Meter über dem Meeresspiegel plus Gipfelkreuz. Der Berg daneben heißt Kleiner Kordigast, obwohl das eigentlich wenig Sinn ergibt, denn er ist zwei Meter höher.

Der Schäfer sagt, das sei so, „weil's schon immer so geheißen hat“. Um uns: Wacholdersträucher, Mehlbeeren und Eschen. Wilder Thymian. Und Stille.

Seit einiger Zeit fühle ich mich von mir selbst vernachlässigt. Bewege mich im Korsett vollgepackter Tage, die mir dennoch oft leer erscheinen. Ich stehe an einer Lebenskreuzung, an der sich ein paar grundlegende Fragen nach Sinn und Zielen aufdrängen.

Es ist nicht so, dass ich nicht funktioniere. Aber ich erinnere mich durchaus an Zeiten, da es entspannter mit mir war. Für mich und für andere.

Ich habe Sehnsucht nach etwas mehr Leichtigkeit, nach Gelassenheit und Verbundenheit. Bei den christlichen

In der Abgeschiedenheit seines Arbeitsortes drängen den Schäfer keine Termine

Genügsamkeit

Die Schafe fressen die meiste Zeit des Tages mit einer Ruhe, die geradezu ansteckend wirkt

Mystikern besteht das Heil in der Einheitserfahrung mit der Welt. Der Mensch ist demnach ein Tropfen im Ozean. Und erst wenn er dies erkennt, ist er in einem tieferen Sinn frei.

Nun bin ich an diesem Kraftort mitten in der Natur, der hoffentlich innere Klarheit schafft, weil ich mich hier äußerem Druck entziehe. Hier gibt es keine Redaktionen, die drängen. Dafür viel zeitlose Zeit im Kokon der Natur. Wer hier Gas gibt, fährt ins Leere.

Also lieber gleich umgekehrt: Entschleunigung, Achtsamkeit. Alles schon oft gehört, für richtig befunden und dennoch immer wieder dagegen verstoßen. Ein neuer Anlauf also.

„Mit den Tieren ist es oft einfacher als mit den Menschen“, erzählt Felix Steinhagen und deutet auf die Herde, die ein paar Meter von ihm entfernt grast und einer festen Hierarchie folgt: „Ich bin das Oberschaf und gebe den Ton an.“ Wenn er pfeift, folgen sie ihm – die Leittiere, die gut ein Drittel der Herde ausmachen, immer voran: „Das sind meine Vorarbeiter.“

d

Der Schäfer sagt: „Manchmal ist das Schaf schlauer als der Mensch.“ Es würde zum Beispiel niemals etwas Giftiges fressen. Manche (Steinhagen will sich da nicht festlegen) behaupten sogar, dass es sich genau die heilenden Kräuter von der Weide nimmt, die es gerade braucht. Ein kleiner Mensch braucht ewig, aber ein Schaf steht schon nach wenigen Stunden auf eigenen Beinen.

Noch ein Vorteil: Die Tiere spüren den Wetterumschwung, ehe er eintritt. Wenn sie auf einen Baum zulaufen, weiß der Schäfer, dass ein Gewitter biblischen Ausmaßes droht. Wobei ihm das persönlich eher unwichtig ist: „Was nass wird, wird auch wieder trocken.“

Wieso nennt er sich eigentlich Wanderschäfer, wenn er oft einfach nur

Sicherheit

Im Sommer zieht die Herde nur alle paar Stunden ein paar Hundert Meter weiter – für Steinhagen bleibt viel Zeit zur Muße. Auf die langen Wanderungen zu den Winterweiden geht es erst im Herbst. Und falls ein Schaf mal die Gemeinschaft verlässt, treibt der Hütehund es zur Herde zurück

dasteht, auf seinen Stock gestützt, manchmal eine ganze Stunde oder auch länger? Weil ab Herbst, wenn die Sommerweiden abgegrast sind, der alljährliche Weidetrieb beginnt. Dann geht er jeden Tag und bei jedem Wetter bis zu 30 Kilometer mit den Schafen – um die Winterweiden zu erreichen, die er von den Gemeinden gepachtet hat.

Aber jetzt ist Sommer, und er muss die Herde nur alle paar Stunden um ein paar Hundert Meter verschieben, schickt die Hunde, um Ausreißer einzufangen, beobachtet die hinkenden Tiere, die sich beim Tritt ins Mausloch die Beine verknackst haben, schaut, was die Schafe fressen und wie viel.

Eigentlich haben alle etwas von der Beweidung: der Schäfer das Futter für seine Herde, die Bauern organischen Dünger auf ihrem Feld und eine gemähte Wiese.

Dennoch ist der Schäfer nicht immer ein gern gesehener Gast. Die Jäger haben Angst, das Wild könnte von den Schafen gestört werden. Und die Bauern, die ihn am liebsten von Ferne sehen, sprechen von Bodenverdichtung und, dass die Schafe angeblich Unkräuter ins Feld tragen. Beides ist, wenn man Steinhagen folgt, nicht ganz richtig. Aber wenn sich so ein Vorurteil erst einmal festsetzt, kann es durchaus Ärger geben.

Im Winter sprang mal ein Bauer aus seinem Auto und hielt mit der Kamera auf ihn drauf. Versuchte ihn zu provozieren, dass er als Erster zuschlagen möge. Aber der Schäfer lässt sich nicht provozieren.

Es ist ja nicht so, dass Steinhagen keine Kraft hätte. Man bekommt eine ungefähre Ahnung davon, wenn er sich ein Schaf über die breiten Schultern legt oder so festhält, dass er ihm einen eingetretenen „Spreissl" mit dem Klauenmesser herausschneiden kann.

Es ist auch nicht so, dass das Schaf dabei stillhalten würde. Jedenfalls nicht von allein.

Felix Steinhagen wohnt eine Autostunde von den Weiden seiner Schafe entfernt. Früher hat er im Wohnwagen bei den Tieren geschlafen, aber seit den Geburten seiner Töchter will er wenigstens manchmal zu Hause sein und fährt abends, nachdem er die Schafe mit einem mobilen Elektrozaun umgeben hat, mit seinem Kleinbus heim.

S

Stressbewältigungsforscher empfehlen regenerative Gegenwelten, in denen man bewusst auf Distanz zum Alltag geht. Einen Kontrapunkt, in dem Verwicklungen mit sich selbst gelöst werden können. Das kann eine Kirche sein, ein Wald, ein Park. Eine Meditation. Oder eben die Beschäftigung mit Tieren.

Die wirkt entspannungsfördernd. Menschen, die einen Hund oder eine Katze halten, zeigen weniger Stresssymptome, haben einen niedrigeren Puls und Blutdruck, selbst in fordernden Situationen. Sie verspüren von ihrem Gegenüber oftmals vorbehaltlose Akzeptanz, was sich positiv auf das Selbstwertgefühl auswirkt.

Meine Tage mit den Schafen sind, wenn man so will, tiergestützte Bewusstseinsübungen. Ein Wechselspiel von Umwelt und eigenem Inneren.

Die Figur des Schäfers, der im hiesigen Kulturraum für ein eher archaisches, im Grunde unzeitgemäßes Leben steht, wirkt therapieverstärkend. Ich sehe in ihm einen Spiegel, aber auch eine Projektionsfläche meiner Sehnsüchte. Jemanden, in dessen Tun ich viel Wahrheit erkenne, eben weil es existenziell und unmittelbar sinnstiftend ist.

Psychologen betrachten tief verinnerlichte Normen, Verwurzelung und Klarheit als gute Stressprävention. Menschen, die im Einklang mit der Natur leben, verfügen wohl eher als andere über diese Werte.

Das verleiht ihnen eine Fähigkeit, die vielen anderen fehlt: Sie können ihr Selbstwertgefühl verstärkt von innen regulieren, sie hadern nicht ständig mit sich und haben die Freiheit, unabhängig

Gemeinschaft

Verloren geht hier so schnell niemand, meist bleiben Muttertier und Lamm ohnehin eng beisammen. Zur Herde gehören auch ein paar junge Ziegen, die mitunter aber ihre eigenen Wege gehen

von der Meinung und Bestätigung ihrer Mitmenschen zu sein, weil sie selber wissen, was gut ist und was nicht.

Felix Steinhagen ist in der Schäferei seiner Eltern bei Bielefeld aufgewachsen und wollte selbst nie etwas anderes werden. Hat mit 16 eine Lehre als Tierwirt begonnen, Schwerpunkt Schäferei, später als Zusatzqualifikation den Tierwirtschaftsmeister gemacht.

Er hat anfangs als Angestellter in einem Betrieb gearbeitet, sich dann selbstständig gemacht, vom Ersparten Schafe gekauft und Weiden gepachtet.

Wohlhabend ist er damit nur im immateriellen Sinn: Wolle bringt fast nichts mehr ein, Fleisch im Vergleich zu früher nur noch wenig. Der Hauptanteil seines Verdienstes besteht in EU-Subventionen für Landschaftspflege, die sich pro Hektar Weidefläche bemessen: „Ich arbeite zehn bis 14 Stunden am Tag", sagt Steinhagen, „und verdiene pro Stunde weniger als fünf Euro."

Es liegt keine Larmoyanz in diesem Satz, eher so etwas wie Stolz auf den eigenen Idealismus. Auf ein Leben mit vielen Entbehrungen. Aber auch mit Geschenken der Natur, die den meisten verschlossen bleiben.

V

Vorsichtig nehme ich Kontakt mit den Tieren auf, gehe zunächst respektvoll am Rand der Herde entlang. Je nach dem Grad ihrer Fressbeschäftigung nehmen die Schafe mich gar nicht wahr oder nur kurz zur Kenntnis.

Denn gleichgültig, wie viele Stunden ein Schaf schon Gras oder feinen Klee in sich hineingestopft hat, es ist scheinbar immer mit großer Konzentration bei der Sache.

Wenn es gerade nicht frisst (was eher selten vorkommt), ist es ein durchaus neugieriges Tier. Doch überwiegt das Interesse für Fremdes nur selten die Angst. Unterschreite ich eine gewisse Distanz, rennen die Schafe davon. Jedenfalls am Anfang.

Ich sitze auf einem Baumstumpf und denke über mein Leben nach und ein paar Dinge, die darin zu regeln wären, etwa der Umgang mit meinen älter werdenden Eltern.

Entscheidungen werden selten in Ruhe getroffen, sondern häufig als Reaktion auf etwas. Meist, so hat es mich mein langjähriger Zen-Lehrer gelehrt, sind sie vom Ego geleitet, was gute Entscheidungen fast immer verhindert.

Denn die brauchen Muße und das Absehen von sich selbst – und wenn man dafür keinen Raum in sich findet, muss man ihn künstlich schaffen.

Zum Beispiel in der Natur. Dort kann der Mensch das Gefühl erlangen, mit Leib und Seele ganz anders in die Welt gestellt zu sein. Er gerät mit seiner Umgebung in Schwingung, fühlt sich berührt, erfährt eine Art Resonanz.

Fressende Schafe auf einer Weide, das Flüstern des Windes. Grillenzirpen. Am Horizont die Silhouette eines Berges. Der Geruch des wilden Thymians.

Eigentlich braucht es nicht viel.

Wegen einer Erkältung hatte ich unseren Termin um eine Weile verscho-

> Mit seinem Leben, so Steinhagen, sei er zufrieden – wer kann das schon von sich sagen?

Die Distanz zum Alltag könnte größer nicht sein – eine Art Wundermittel gegen Stress

ben. Eine Option, die der Schäfer nicht hat, weil die Herde permanent nach ihm verlangt. Sieben Tage die Woche arbeitet Steinhagen, er verreist nie und hat auch nie den Wunsch danach verspürt.

Im Alter von 15 Jahren ist er mal für drei Tage an die Nordsee gereist. „War nichts für mich." In ein Flugzeug würde er sich schon gar nicht setzen. Ich überlege, ob ich wohl selbst aufs Reisen verzichten könnte. Schwerlich. Andererseits: Fernreisen interessieren mich heute sehr viel weniger als früher.

Steinhagen sagt: „Was man nicht kennt, kann man nicht vermissen."

So einfach soll das sein? Ja, er nimmt die Dinge so, wie sie sind – nicht, wie sie sein könnten.

Wie ein Zen-Mönch, so erscheint es mir, macht er genau das, was er gerade tut (was auch ich mir stets vornehme, aber leider kommt immer etwas dazwischen). Nicht wie die zivilisatorisch Verwirrten, die beim Sitzen schon ans Aufstehen denken. Beim Arbeiten ans Mittagessen. Und beim Mittagessen an die Telefongespräche, die sie gleich führen müssen.

Einen Schäfer lehrt die Natur, ganz in den Dingen zu sein. Ohne zu urteilen, ob es gut oder schlecht ist. Denn was notwendig ist, muss ohnehin getan werden.

Eigenständigkeit

Es wirkt wie ein unzeitgemäßes Leben: in der Natur, ohne Hektik, ohne Insignien des Wohlstands. Aber es bietet viel Freiraum

j

Jetzt zum Beispiel brauchen die Schafe Wasser. Bekommt ein Tier Durst, haben plötzlich alle das gleiche Bedürfnis und laufen hinterher. Felix Steinhagen hat am Morgen am Hydranten 6000 Liter gezapft und mit dem alten Traktor den Wasseranhänger hochgefahren.

Nun füllt er das Nass über einen Schlauch in ein Dutzend Wannen, die in einem großen Halbkreis angeordnet sind. Die Schafe trinken zweimal am Tag so lange, bis ihnen die Lust vergeht. Und sie wieder fressen wollen.

Dazu müssen sie allerdings immer mal wieder die Weide wechseln. Ein vielstimmiges „Määh" in verschiedenen Tonhöhen deutet das Vorhaben an. Wenn das Schaf nicht gerade ruht, wird so lange gemeckert, bis es wieder etwas Grünes zu kauen gibt.

Dann legt sich Ruhe über die Herde. Kauende Mäuler, Atmen, das Geräusch vom Rupfen des Grases.

Man spürt etwas Friedvolles, das sich unweigerlich überträgt. Wie ein sanftes Wiegenlied, das einen in jenen angenehmen Dämmerzustand überführt, der nicht mit Schläfrigkeit zu verwechseln ist, sondern einer wachen Insichgekehrtheit gleicht, die mir aus Meditationserfahrungen vertraut erscheint.

Wer sich eine Weile unter Schafen bewegt, in einem Leben, das nur Existenzielles kennt, nimmt sich selbst nicht mehr so wichtig.

Demut

Manche Lämmer machen sich zwischen Wacholdersträuchern auf die Suche nach frischen Halmen. Eines der Tiere ist wegen einer Entzündung entkräftet zurückgeblieben – Andreas Wenderoth trägt es wieder zur Herde. Wer eine Weile mit Schafen verbringt, stellte er fest, nimmt sich selbst nicht mehr so wichtig

LESETIPPS

James Rebanks
Mein Leben als Schäfer
Kluge, unprätentiöse Betrachtungen eines Lebens im Zyklus der Jahreszeiten im englischen Lake District.
288 Seiten, 19,99 Euro

Ruth Häckh
Eine für alle: Mein Leben als Schäferin
Unterwegs auf der Schwäbischen Alb: Die Schäferin erzählt vom Glück des Draußenseins – aber auch von der mühevollen Selbstbehauptung in der modernen Zeit.
240 Seiten, 20 Euro

John Lewis-Stempel
Ein Stück Land: Mein Leben mit Pflanzen und Tieren
In bildreicher Sprache schildert der Naturschriftsteller das Leben auf einer Wiese, die zu seinem Hof an der Grenze zu Wales gehört.
288 Seiten, 23 Euro

Je länger ich bei den Tieren weile, desto mehr spüre ich, wie ich an den großen Strom der Welt angeschlossen bin, an eine ungeahnte Kraftquelle, die immer wieder neu geladen wird.

Diese Erfahrung bringt auch eine Reinigung des Geistes von unnötigen Gedanken mit sich: die Erkenntnis etwa, dass die meisten Probleme sich nicht dadurch besser lösen, dass man permanent daran denkt – eine Erfahrung, die ein Wanderer ebenso machen kann wie ein Gärtner beim Pflanzen in seinem Beet.

Mein Gehirn befindet sich zeitweise in jenem Leerlaufmodus, in den unser Denkorgan fällt, wenn man ihm die Reize entzieht. Diese „Gedanken-Entschlackung" beruhigt den Geist; Intuition und schöpferische Kraft, so vermuten Wissenschaftler, werden dabei gestärkt.

Ich merke, wie in mir eine Seelenruhe aufkommt. Fernab von den alltäglichen Zeitfressern der digitalen Beschleunigung empfinde ich, dass ich nichts will und nichts muss, einfach nur bin, ein tiefes Gefühl von Freiheit.

Ein Lamm bleibt hinter der Herde zurück. Eingeschlafen, denke ich, und nehme es auf den Arm, um es zu den anderen zu tragen. Es scheint sehr zutraulich. Ich glaube zu spüren, dass es mich mag. Jedenfalls so lange, bis ich merke, dass es sich nicht wehren kann. Als ich es auf den Boden herablasse, streckt es alle viere von sich.

Ich rufe nach dem Schäfer, der mit geübtem Blick eine Nabelentzündung feststellt und dem Tier die Ohren fühlt, die kälter sind, als sie es sein sollten.

Er gibt ihm zwei Spritzen, öffnet die Heckklappe seines Busses und legt es hinein: „Es wird den Abend vermutlich nicht überleben."

Als wir Stunden später am Wagen vorbeikommen, schlägt das Lamm von innen heftig gegen das Blech, es denkt gar nicht daran, aufzugeben. Felix Steinhagen stellt es vorsichtig auf die Weide, wo es mit unsicheren Schritten auf die Gefährten zuläuft.

Erst ganz zögerlich, aber bald mit anschwellender Stimme schreit es nach der Mutter, die eine Weile braucht, um sich aus der Herde zu lösen.

Aber dann stehen sie vereint zusammen, das Lamm sucht, findet und trinkt sich zurück ins Leben.

„Was soll ich noch sagen?", sagt der Schäfer und deutet damit an, dass alles Wesentliche nun ausgesprochen ist. Und auch ich verspüre nach vier Tagen zwischen den Schafen das Bedürfnis, jetzt nicht mehr zu reden.

Weil das intellektuelle Verstehen seine Grenzen hat. Weil die Natur nicht durch Fragen zu ergründen ist, sondern vor allem durch die unmittelbare Erfahrung.

Zu sich kommen, bei sich sein. Lassen statt wollen: Erst wenn der Geist zur Ruhe gekommen ist, kann man wirklich begreifen.

Vielleicht sogar sich selbst.

Text:
Katharina **von Ruschkowski**
•
Fotos:
Neumann und Rodtmann

die **digitalen** verführer

Ein Leben ohne das Smartphone ist für die meisten inzwischen unvorstellbar. Doch zugleich empfinden immer mehr Menschen die damit verbundene Masse an Nachrichten, Meldungen und Daten als Herausforderung. Wie also gehen wir mit den digitalen Geräten am besten um?

Die Alleskönner faszinieren, natürlich. Deshalb hat ja auch fast jeder ab dem Jugendalter in Deutschland ein Mobilgerät in seiner Hand- oder Hosentasche, am liebsten das neueste. Mehr als 60 Prozent der hierzulande genutzten Smartphones sind jünger als ein Jahr. Die Apparate haben uns ständig erreichbar gemacht. Nie war es leichter, sich Waren und Wissen von überallher zu beschaffen. Die Supertelefone sind für uns Universallexikon und Bankschalter in einem, Navigator, Multimediacenter und Wetterstation.

Ein Leben ohne Smartphone und Co. ist für die meisten längst unvorstellbar. Doch: Den Alltag damit empfinden mehr und mehr Menschen zugleich als Herausforderung. Manche sogar als Zumutung.

Denn da ist dieses bleierne Unbehagen, im steten Strom ankommender Nachrichten, E-Mails, Feeds, Tweets und Anrufe unterzugehen. Man spürt, wie das dauernde Piepsen und Ploppen der Geräte die Aufmerksamkeit frisst. Wie man beim Chatten, Shoppen und

»In meiner Klasse gibt es einige, die blicken fast ständig auf ihr Smartphone, auch wenn wir uns unterhalten. Das nervt mich sehr. Deshalb versuche ich, es selbst anders zu machen. Ich benutze auch sehr gern Messenger, klar, bekomme bestimmt etwa 80 Nachrichten am Tag. Auch telefoniere ich viel per Video oder benutze verschiedene Social Media. Aber wenn andere Leute bei mir sind, dann gehört das Smartphone in die Tasche.«

Johanna Schulte, 15, Schülerin*

* Name von der Redaktion geändert

Spielen nicht nur Zeit verliert, sondern ein wenig auch sich selbst.

Es sind nicht nur einzelne Technikfeinde oder Kulturpessimisten, die so denken. 74 Prozent der Befragten stimmten in einer repräsentativen deutschen Umfrage der Aussage zu, der Alltag wäre angenehmer, würden mehr Menschen doch einmal ihr Smartphone ausschalten. Viele Jüngere nehmen die ständige Erreichbarkeit für Freunde und Familie als Belastung wahr. Jeder Dritte sagt gar, so eine weitere Untersuchung, sein Privatleben sei – auch dadurch – ein größerer Stressfaktor als Job, Studium oder Ausbildung.

Was also sind die digitalen Geräte für uns – Zeitstifter oder Zeitvernichter? Wie kann es sein, dass ausgerechnet jene Tools und Technologien, die den Alltag einfacher, effizienter, entspannter machen sollten, die Menschen zusätzlich stressen?

Beherrschen wir die Geräte – oder beherrschen sie vielmehr uns?

Dies sind Fragen, mit denen sich längst nicht nur Nutzer befassen. Auch immer mehr Forscher unterschiedlichster Disziplinen loten in jüngster Zeit aus, welche Folgen die fortschreitende Digitalisierung für jeden Einzelnen hat. Und führen erstaunlich kontroverse, ja hitzige Debatten darüber.

Die Sache ist nur: Weder Optimisten noch Pessimisten können ihre Thesen bislang zweifelsfrei belegen. Ihnen fehlen belastbare Zahlen und Zeit. Zehn Jahre – kaum länger gibt es massentaugliche Smartphones – sind für seriöse Forscher, die nach Verhaltens- oder gar Wesensänderungen fahnden, ein vergleichsweise kurzer Abschnitt. Und doch gibt es mittlerweile erste Antworten auf die Frage, wie die digitalen Kommunikationsmittel unsere Gedanken und Gemüter, unser Zeit- und Glücksempfinden beeinflussen. Und – wie es gelingen kann, einen gemäßigten, gesunden Umgang damit zu finden.

Die hierzulande wohl bislang umfangreichste Untersuchung stammt von einem Team um den Bonner Informatiker Alexander Markowetz. Seit 2014 haben er und seine Kollegen die Smartphones von mehreren Hunderttausend Freiwilligen mit einer speziellen App versehen und messen, wie häufig und zu welchem Zweck die Probanden ihr Gerät nutzen. Markowetz war damit einer der Ersten, der harte Fakten lieferte – fern gefühlter oder befürchteter Wirklichkeiten.

Die bisherige Auswertung von 60 000 Probanden ergab: Durchschnittlich 88-mal am Tag schaltet ein Smartphone-Besitzer das Display seines Mobiltelefons an. 35-mal wirft er dabei lediglich einen flüchtigen Blick auf Uhrzeit und Messages. 53-mal am Tag aber entsperrt er das Gerät, chattet, spielt und surft im Internet.

Insgesamt verbringt er so täglich zweieinhalb Stunden mit seinem Smartphone, nur sieben Minuten davon telefonierend. Der Großteil der Zeit vergeht beim Besuch sozialer Netzwerke und der Nutzung von Messenger-Diensten.

Diese Zahlen liegen meist deutlich über jenen, die Smartphone-Nutzer in vorherigen Studien selbst geschätzt hatten. Und sie räumen auch das Vorurteil beiseite, dass die Anfälligkeit für exzessiven Gebrauch des Smartphones alters- und milieuabhängig sei. Jugendliche nutzen ihr Smartphone täglich nur etwa 30 Minuten mehr als Erwachsene.

Aber nach Markowetz geht es nicht nur um die Zeit an sich, die vor dem kleinen Bildschirm verbracht wird. Viel dramatischer seien die andauernden Unterbrechungen, für die die Mini-Computer sorgten. Es ist, als würden sie die Zeit geradezu pulverisieren: Alle 18 Minuten, berechneten Markowetz und Kollegen, lassen Smartphone-Nutzer von ihrer eigentlichen Beschäftigung ab, um online zu sein.

Das Resultat: ein Alltag, in dem man ständig von einer Tätigkeit zur nächsten springt – in dem konzentriertes Arbeiten, aber auch echtes Entspannen kaum mehr möglich ist. Denn schließlich füllt das Smartphone ja auch jede Pause, alle Leerzeiten an Bushaltestellen oder Supermarktkassen.

Tatsächlich vermitteln die digitalen Helfer uns das Gefühl, vieles zugleich erledigen zu können, mehr noch: zu müssen. Wo wir zuvor Zeit vertrödelten, können wir sie heute scheinbar sinnvoll nutzen, jede Pause in einem Gespräch, jeder Moment der Ziellosigkeit kann noch mit einem kurzen Blick auf das Display gefüllt werden.

Die US-Psychologin Gloria Mark ermittelte, dass Angestellte einer Unternehmensberatung mehr als die Hälfte aller begonnenen Arbeiten nicht durchgehend erledigen konnten, weil sie sich immer wieder etwa durch Telefonate oder E-Mails herausreißen ließen. Und auch daheim setzt sich das Multitasking meist fort. Zwei von drei Nutzern, so Studien, recherchieren oder chatten bisweilen während des TV-Konsums gleichzeitig im Internet.

»Tagsüber arbeite ich viel mit meinem Laptop, recherchiere für die Uni, surfe im Internet, checke soziale Medien. Das genügt mir vollauf. Das Leben mit einem Smartphone wäre mir zu anstrengend, zu viele Nachrichten und Ablenkungen. Deshalb habe ich mittlerweile nur noch ein billiges Wegwerfgerät für 20 Euro, mit dem ich telefonieren und SMS schreiben kann. Mehr nicht. Ich habe sogar ein altes Smartphone, aber das liegt in der Schublade.«

Oktay Tuncer, 28, Student der Soziologie

Katharina **von Ruschkowski**

ist Wissenschaftsautorin in Nieheim bei Detmold.

Jens **Neumann** und Edgar **Rodtmann**

haben sich als Fotografen in Berlin darauf spezialisiert, gemeinsam Menschen in Szene zu setzen.

Das Fatale daran: Multitasking macht uns nicht, wie lange angenommen, effizienter und produktiver. Studien erweisen inzwischen das Gegenteil: Wer seinen Gedankenstrom immer wieder unterbrechen lässt, benötigt bis zu anderthalbmal so lange für die Erledigung der eigentlichen Aufgabe.

Auch die Qualität unseres Tuns und die Zufriedenheit leiden enorm darunter, wenn wir nicht bei einer Sache sind. Forscher aus Texas fanden sogar heraus, dass schon ein Smartphone in Sichtweite – gleichgültig, ob ein-, aus- oder stummgeschaltet – einen großen Teil der Gehirnkapazität kapert. Bei Denkaufgaben schnitten diejenigen Probanden, die ihr Mobilgerät im Nebenraum deponiert hatten, deutlich besser ab als jene, die es bei sich trugen.

Es schien fast, als raune das Smartphone den Probanden fortwährend zu: Check deine Nachrichten! Bring dich auf den neuesten Stand!

Dieser nie endende Strom von Stimuli veranlasst unser Gehirn zu einer besonders tückischen Reaktion

Woher rührt die Anziehungskraft der Apparate? Weshalb fällt es uns so schwer, sie zu ignorieren? Ein Grund, so Forscher: Unser Gehirn ist der Digitaltechnik nicht gewachsen.

Zwar besitzt es die Fähigkeit, sich immer wieder flexibel neuen Umständen anzupassen. So veröffentlichte der US-Neurowissenschaftler Gary Small eine Studie, nach der jene Menschen, die regelmäßig Umgang mit dem Internet hatten, bei der Benutzung einer Suchmaschine eine höhere Aktivität in Gehirnregionen zeigten, die der Entscheidung und komplexen Argumentation zugeschrieben werden, als ungeübte Probanden.

Mit dem aktuellen Tempo technischer Entwicklung aber kann die Evolution nicht Schritt halten. So anpassungsfähig das Gehirn auch sein mag – manche Denkvorgänge, Reaktions- und Verhaltensweisen folgen noch immer archaischen Mustern.

Denn äußere Reize bargen für unsere Urahnen oft eine Botschaft: Gefahr. Jedes Rascheln im Gebüsch, jeder flüchtig erahnte Schatten konnte ein Raubtier und damit bedrohlich sein.

Daher kann jeder auffällige Stimulus noch heute unwillkürlich ins Zentrum unseres Bewusstseins drän-

»In der Kindertagesstätte meiner beiden Töchter hängt ein Schild: Eltern bitte Telefone in der Tasche lassen. Manchmal schaue ich aber doch heimlich auf mein Smartphone. Und zu Hause lege ich das Ding oft auf den Schrank und will es erst wieder runternehmen, wenn die Kleinen im Bett sind. Aber sobald ich am Schrank vorbeilaufe, checke ich es meistens doch. Es ist, als wäre ich süchtig danach – aber ich will das unbedingt ändern.«

Asmah Virk, 27,
Studentin der Agrarökonomie

gen, uns instinktiv aufschrecken lassen. Für die Menschen von einst war diese automatische Reaktion eine Lebensversicherung. Für die von heute wird sie zunehmend zum Problem.

Mittlerweile prasseln immerzu Reize auf uns ein. Täglich sendet ein jeder Nutzer von uns im Durchschnitt mindestens 55 Messenger-Nachrichten, reagiert auf 25 E-Mails.

Experten schätzen, dass allein die Menge der Nachrichten, die Menschen per Brief, Mail oder Telefon untereinander austauschen, im 20. Jahrhundert um das Zehnmillionenfache angestiegen ist. Dieser nie endende Strom von Stimuli veranlasst unser Gehirn zu einer besonders tückischen Reaktion.

Denn jeder neue Reiz bindet nicht nur Aufmerksamkeit, er löst auch eine Kaskade biochemischer Prozesse aus. Unter anderem kurbelt das limbische System, oft als Gefühlszentrum unseres Denkorgans bezeichnet, die Ausschüttung von sogenannten „Glückshormonen“ wie Dopamin an. Die Moleküle dieses Botenstoffs hellen für eine kurze Weile die Stimmung auf.

Die Folge: Wir werden dafür belohnt, unkonzentriert zu sein. Hinzu kommt, dass bei ständig wechselnder Tätigkeit der Spiegel von Botenstoffen wie Cortisol und Adrenalin steigt – was dazu führt, dass ausgerechnet jener Teil unseres Hirns gedämpft wird, den wir brauchen, um uns zu konzentrieren.

Die Biochemie versetzt den Menschen damit in einen Zustand permanenter Unruhe: Wir suchen die Umgebung nach immer neuen Stimuli ab und reagieren mitunter selbst dann, wenn es gar keinen neuen Reiz gegeben hat.

Bis zu 90 Prozent aller Smartphone-Nutzer, so ermittelten Experten, leiden zuweilen unter dem „Phantom-Vibrations-Syndrom“, bei dem ganz normale Muskelzuckungen sowie die Reibung von Kleidung oder eine Bewegung des Smartphones bereits als Vibrationsalarm gedeutet werden. Mit anderen Worten: Die ständige Erwartung neuer Anrufe und Nachrichten macht fast alle von uns kribbelig.

p

Psychologische Erkenntnisse stützen diese Deutung. Längst ist Forschern bekannt, dass das Hirn besonders stark auf Belohnungen reagiert, die überraschend und unregelmäßig erfolgen – wie etwa Nachrichten oder Statusmeldungen sozialer Netzwerke, die uns unvorhersehbar auf dem Mobilgerät erreichen. Bloß: Je unsteter die Belohnung, desto mehr gieren wir danach.

„Intermittierende Verstärkung“ nennt die Psychologie diesen Mecha-

nismus, der uns immer und immer wieder zum Smartphone greifen lässt – und von dem neben der Digital- auch die Glücksspielindustrie enorm profitiert: Zocker werfen Geld in die Automaten, in der Hoffnung zu gewinnen. Weit häufiger aber verlieren sie.

Nicht zuletzt sind Menschen von Natur aus unersättlich. Das bewiesen US-Psychologen bei einem Versuch: Sie servierten Versuchspersonen Suppe in Tellern, die sich durch ein Loch in deren Boden immerzu und unmerklich auffüllten. Prompt nahmen die Probanden 73 Prozent mehr Suppe zu sich als andere, die eine begrenzte Portion bekamen. Erstaunlicherweise fühlten sich die Testpersonen mit den immer vollen Tellern nicht etwa satter, obwohl sie doch viel mehr verspeist hatten.

Beim Digitalkonsum scheint es ganz ähnlich zu sein. Nachrichtenseiten oder Streaming-Portale nutzen diesen menschlichen Makel aus: Newsfeeds füllen sich automatisch, jedes angeklickte Video zieht eine unendliche Zahl weiterer nach sich, die automatisch starten. Nutzer verbringen dadurch bisweilen Stunden im Internet, ohne dafür überhaupt eine bewusste Entscheidung getroffen zu haben.

All das bedeutet nicht, dass der moderne Mensch den neuen Medien hilflos ausgeliefert ist. Und doch machen es uns manche tief verankerte Verhaltensmuster schwer, dem Sog der digitalen Welt zu widerstehen.

Zwar gilt nur ein geringer Teil der Internetnutzer als süchtig – je nach Studie und Alter der Probanden sind es zwischen ein und fünf Prozent. Für eine Mehrheit der Bevölkerung aber ist das Smartphone längst zum Lebensbegleiter geworden.

Etwa 40 Prozent der Deutschen, so eine Untersuchung, nutzen ihr Mobiltelefon in den letzten fünf Minuten vor dem Einschlafen und schalten es schon in den ersten fünf Minuten nach dem Erwachen wieder an. Damit sind sie von früh bis spät immer da: die unbeantworteten Nachrichten, die To-do-Listen, dieses Gefühl, nie fertig zu sein.

Obwohl Mitteilungen selten von höchster Dringlichkeit sind, beantworten viele Nutzer sie prompt. Der Soziologe Hartmut Rosa, einer der führenden Zeit-Forscher in Deutschland, erklärt, durch den technischen Fortschritt hätten sich auch unsere Erwartungen gewaltig verändert. Mehr und mehr versuchten wir, uns an das Tempo der Technologie anzupassen – statt umgekehrt (siehe Seite 30).

Weil die Technik Informationen in Sekundenschnelle übermitteln kann, glauben wir, das ebenfalls tun zu müssen: „So gönnen wir uns für jede Nachricht sehr viel weniger Reflexions- und Reaktionszeit als früher – und fühlen uns deshalb ständig gehetzt."

Rosa sagt aber auch, jeder Smartphone-Besitzer sei meist Opfer und Täter zugleich (etwa, wenn man ungeduldig wird, sobald eine digitale Nachricht nicht binnen Minuten beantwortet wird). Denn sosehr wir unter dem Zeitdruck litten, sosehr genössen wir ihn auch. „In unserer modernen Gesellschaft gilt als ‚gutes Leben' oft das erfüllte oder übervolle Leben", so der Soziologe.

Daher versuchten wir, immer mehr Dinge in immer kürzerer Zeit zu erledigen, am besten parallel: beim Frühstück die Nachrichten zu prüfen, beim Telefonieren E-Mails zu tippen, beim Spazierengehen zu chatten.

US-Krankenhausstudien zeigen, dass seit zehn Jahren immer mehr Fußgänger ohne Fremdeinwirkung verunglücken: Die Augen auf das Display gerichtet, ohne Blick für ihre Umgebung, laufen sie vor Schilder, stolpern in Baustellenlöcher, von Brücken. Der US-Bundesstaat Hawaii hat bereits reagiert: Wer beim Überqueren der Straße auf sein Smartphone starrt, zahlt dort seit einiger Zeit 99 Dollar Strafe.

Es muss ja nicht so enden. Dennoch wird deutlich: Die pausenlos wechselnde Aktivität, zu der digitale Medien animieren, hat ihren Preis.

So kostet sie beispielsweise viel Energie. Weil das Gehirn jede Handlung – das Lesen einer E-Mail, das Aufrufen einer Webseite – als eigene Aufgabe wahrnimmt, bedient es sich vermehrt der Energiereserven in den Körperzellen, um leistungsfähig zu bleiben.

Daher fühlen wir uns immer ein wenig erschöpft, wenn wir neben einer anderen Tätigkeit gechattet haben, etwas ermattet, wenn wir nur kurz im Internet gesurft haben. Bei denjenigen dagegen, die konzentriert einer Aufgabe nachgehen, stellt sich dieser Zustand erst später ein.

Wer immerzu auf Empfang ist, lässt eine der wichtigsten Kraftquellen ungenutzt: den Müßiggang

Wer immerzu auf Empfang ist, lässt zudem eine große Kraft- und Kreativitätsquelle ungenutzt: den Müßiggang.

Viele große Denker berichten davon, dass ihnen die besten Ideen kamen, als sie gerade nichts taten und ins Leere starrten. Bloß: Wer tut das heute schon? Vielmehr scheint es so, als fürchteten wir

Tipps

Vom guten Umgang mit Smartphone & Co.

So beherrschen wir die digitalen Geräte – und nicht sie uns

Analog hat Vorrang
Dringende Ausnahmen ausgenommen, gebührt einem Gesprächspartner stets die volle Aufmerksamkeit. Daher gilt es, das Smartphone so einzustellen, dass es nicht stört (kein Vibrationsalarm!). Abschalten ist eine Frage der Effizienz: Ein Gespräch ist zielführender und nachhaltiger, wenn man bei der Sache ist. Vor allem aber ist es eine Frage der Höflichkeit.

Smartphone außer Reichweite
Wer konzentriert arbeiten oder sich unterhalten möchte, sollte sein Smartphone erst gar nicht bei sich tragen, sondern daheim lassen oder im Nachbarraum deponieren. Studien belegen, dass ein Gerät in Reichweite – gleichgültig ob an-, aus- oder stummgeschaltet – viel Gehirnkapazität kapert.

Feste Zeiten einrichten
Neue Nachrichten zu festen Zeiten bearbeiten. Zum Postkasten geht man auch nur einmal am Tag. Das schafft Muße zum Arbeiten oder Entspannen.

Push-Benachrichtigungen aus
News, E-Mails, Statusänderungen oder Sportergebnisse machen oft mit Tönen oder Blinken auf sich aufmerksam. Wer das ausschaltet, erspart sich eine Menge Störungen.

Bildschirm ergrauen lassen
Um nicht bei jedem noch so flüchtigen Blick aufs Smartphone in Verlockung zu geraten, sollte der Start-Bildschirm möglichst unattraktiv gestaltet sein. Icons der verführerischsten Apps gehören erst auf die hinteren Tafeln. Ratsam ist auch, die Startseite nicht in bunten Farben erleuchten, sondern ergrauen zu lassen.

Geduld im digitalen Dialog
Eine nicht sofort beantwortete Nachricht darf nicht zu ungeduldigem Nachfragen führen. Ruhe nimmt einem auch selbst den Antwort-Druck.

Momente wahr-, nicht aufnehmen
Wer an einen fremden Ort verreist, sollte diesen nicht nur aufnehmen, sondern vor allem wahrnehmen. Ein Urlaub ist besonders dann erholsam, wenn man einen echten Ortswechsel erlebt. Meist dauert es eine Weile, ehe man innerlich ankommt. Wer pausenlos mit der Dokumentation (auch von Konzerten!) beschäftigt ist, nimmt sich Ankommenszeit und Erholung.

Smartphone-freies Schlafzimmer
Experten raten dringend dazu, Smartphones aus Schlafzimmern zu verbannen. Das blaue Licht digitaler Bildschirme stört höchstwahrscheinlich den Schlaf. Zudem fanden Forscher heraus, dass exzessive Nutzer weniger schlafen und länger brauchen, um zur Ruhe zu finden.

Vorbild sein
Viele Eltern sind besorgt ob der Smartphone-Nutzung ihrer Kinder. (Medien-)Erziehung funktioniert allerdings selten über Verbote, sondern in der Regel über die Vorbildfunktion der Eltern, wie auch Studien belegen. Erwachsene sollten darum ihren Kindern das Verhalten vorleben, das diese übernehmen sollen.

Katharina von Ruschkowski

das Nichtstun, die Leere. So greifen viele Menschen mittlerweile schon beim Anblick einer Ampel zum Smartphone – nicht wissend, ob es überhaupt eine Wartezeit zu überbrücken gilt.

Die Möglichkeit, ständig online, erreichbar und geschäftig zu sein, trägt mit dazu bei, dass unser Alltag im Ganzen an Tempo gewonnen hat.

Fußgänger bewegen sich messbar schneller durch die Städte. Auch durch das Internet klicken wir uns immer rasanter: Verloren Websites vor knapp 20 Jahren etwa ein Drittel ihrer Besucher, wenn das Laden der Seite länger als acht Sekunden dauerte, ist die Geduld heute nach zwei Sekunden aufgebraucht. Und ein Internetversandhaus berechnete, dass es durch jede Sekunde verzögerte Ladezeit etwa zehn Prozent der Verkäufe einbüßt.

a

Aber auch Situationen und Menschen gegenüber verlieren wir offenbar immer schneller die Geduld. Wer heute in den Urlaub fährt, hat vieles schon gesehen: die schönsten Strände, die beliebtesten Anlaufpunkte, die Speisekarten der besten Restaurants – alles online ausgekundschaftet. Vor Ort erlauben sich viele dann immer weniger Zeit, die Situation wirklich wahrzunehmen. Stattdessen konkurrieren die ersten Eindrücke sogleich mit anderen, von Fremden bereits im Internet veröffentlichten.

Irgendjemand hat dabei immer einen spektakuläreren Moment abgepasst. Statt schöner Erinnerungen erleben manche dann nur den Frust, die eigenen Möglichkeiten nicht ausreichend ausgeschöpft zu haben.

Ohnehin meinen viele offenbar, dass ein Konzert, eine Wanderung weniger wert ist, wenn sie nicht lückenlos dokumentiert, auf Portalen präsentiert und dann – das ist die Hoffnung – vielfach geklickt und gelikt wird. Viele Menschen haben anscheinend verlernt, etwas direkt zu erleben und zu genießen. Sie machen ihr eigenes Glück vom Votum der anderen abhängig. Der Versuch, das eigene Leben zu intensivieren (zu tracken, zu posten, zu teilen), führt daher nicht selten zum Gegenteil.

Sogar reale Begegnungen mit Menschen werden gerade von Nutzern jüngeren Alters oft als langweilig empfunden. Da sie an die rasche Abfolge visueller und auditiver Reize gewöhnt sind, die sie etwa in Chats erleben, finden sie es schwierig, sich auf ein Gegenüber einzulassen und ihm längere Zeit zu folgen.

Sherry Turkle, Psychologin am Massachusetts Institute of Technology und eine Vorreiterin der Medienforschung, beobachtet bei Teenagern zunehmend die irritierende Fähigkeit, Nachrichten ins Smartphone tippen und zugleich Augenkontakt mit einem Gesprächspartner halten zu können – was Aufmerksamkeit vortäuscht, wo gar keine ist.

Die Psychologin befürchtet dadurch den Verlust einer der menschlichsten Fähigkeiten: die aufrichtige Konversation von Angesicht zu Angesicht, ja, die Gabe zur Erkennung von nonverbalen Emotionen.

Manchem von uns mag dies wie Schwarzmalerei erscheinen, doch die Indizien dafür mehren sich. So setzten Forscher kürzlich ein lebensnahes Experiment auf: Sie testeten bei Kindern die Fähigkeit, die Gefühle in den Gesichtern anderer zu erkennen und zu deuten. Dann fuhr ein Teil der Kinder für fünf Tage ins Ferienlager – ohne Smartphones und Tablets im Gepäck.

Als die Wissenschaftler nach deren Rückkehr die Tests wiederholten, zeigte die Gruppe jener Kinder, die eine kurze Digital-Diät hinter sich hatten, deutlich bessere Fähigkeiten zur Gefühlserkennung bei anderen als die Vergleichsgruppe. Liegt

»Eigentlich möchte ich nicht, dass mein Sohn beim Abendessen sein Smartphone in der Hand hat. Aber wie soll ich das verbieten, wenn ich selbst immer wieder danach greife? Ich komme einfach nicht dagegen an, muss gucken, was es Neues in meinen Messenger-Gruppen gibt, etwa bei den Fußballfreunden oder bei den Schülern. Es ist wie ein Sog. Da bin ich dann manchmal fast froh, wenn der Akku leer ist.«

Michael Quast-Cojocaru, 55, Lehrer

»Meine Kunden wissen: Von 9 bis 19 Uhr bin ich per E-Mail erreichbar und antworte innerhalb weniger Minuten. Nach Feierabend bemühe ich mich dann, komplett offline zu sein. Manchmal erwische ich mich aber dabei, wie ich zum Beispiel durch Social-Media-Dienste scrolle. Mein Schlafzimmer ist eine analoge Zone, da kommt das Handy nicht rein. Ich habe mir extra wieder einen analogen Wecker besorgt.«

Christoph Goller, 32, Unternehmer in der Möbelbranche

die Lösung also im Abschalten? Können wir uns am besten gegen die negativen Effekte digitaler Geräte wehren, wenn wir auf sie verzichten, wenigstens ab und zu? Ist das die Konsequenz, die man aus all diesen Erkenntnissen ziehen sollte?

W

Wer in die Sachbuchregale der Buchhandlungen blickt, könnte genau diesen Eindruck gewinnen. Reich ist die Auswahl an Selbsterfahrungsberichten von Menschen, die wochen- oder monatelang offline waren und daraufhin die analoge Welt bisweilen glorifizieren.

„Digital Detox" lautet dafür das Schlagwort – gerade so, als könne man sich von den Einflüssen der Digitalisierung reinwaschen.

Der Psychiater Jan Kalbitzer, Leiter des Zentrums für Internet und seelische Gesundheit an der Berliner Charité, hält solch radikale Digital-Diäten für wenig wirksam. Die Verteufelung digitaler Technik bringe nichts. Ehrlicherweise könne und wolle niemand vollkommen ins analoge Zeitalter zurück. Zudem „hat Vermeidung keinen Lerneffekt". Nach dem Totalverzicht fielen die meisten rasch in alte Gewohnheiten zurück – wie beim Jo-jo-Effekt nach einer Blitzdiät.

Braucht es dann womöglich Impulse von außen? In Frankreich etwa ist das Recht auf Abschalten seit dem 1. Januar 2017 gesetzlich verankert. Seither ist es – nach Vereinbarungen zwischen Arbeitgeber und Angestellten – größeren Unternehmen verboten, nach Dienstschluss oder am Wochenende E-Mails zu versenden. Ähnliche Ansätze gibt es auch in Deutschland.

So schaltet der Volkswagen-Konzern nach Dienstschluss den Server für Smartphones auf Standby. Und Daimler bekundet, alle E-Mails automatisch zu löschen, die während des Urlaubs eines Mitarbeiters eintreffen.

Der Amerikaner Tristan Harris will die großen Unternehmen sogar in die Pflicht nehmen, „menschenwürdigere Technologien" zu schaffen. Der Informatiker, einst führender Manager bei Google, gehört zu einer Gruppe hochrangiger Tech-Profis, die zuletzt ungekannt scharfzüngig mit ihrer eigenen Branche ins Gericht gingen.

Gemeinsam haben sie jüngst ein „Zentrum für humane Technologie" gegründet. Ihr Ziel: „Die digitale Aufmerksamkeitskrise umkehren – und Technologie wieder zum Diener der menschlichen Bedürfnisse machen."

Manche der Tech-Enthusiasten neuer Couleur vergleichen die Verführungstechniken der großen Konzerne gar mit denen der Tabakindustrie. Harris fordert etwa, Apps mit weniger suchtfördernden Mechanismen zu entwickeln. Die Programme könnten Nutzern beispielsweise die Möglichkeit gewähren, Zeiten für den Empfang von Mitteilungen zu bestimmen, um so den Suchtmechanismus auszuhebeln.

Sei die Nachfrage groß genug, würden sich die Unternehmen schon beugen. „McDonald's hat ja auch irgendwann Salat ins Angebot genommen", entgegnete Harris seinen Kritikern auf einer Konferenz.

Unmittelbarer als politisch oder technisch verordnete sind aber mit sich selbst verhandelte Regeln, die zur individuellen Lebenssituation passen. Bloß: Wie lassen sich die ausfindig machen? Jan Kalbitzer, der Psychiater, empfiehlt, experimentell zu ermitteln, welcher Umgang mit dem Internet einem guttut und welcher nicht. So schlägt er zum Beispiel vor, die digitalen Kanäle stärker räumlich zu trennen: die privaten Nachrichten daheim zu lesen, die beruflichen im Büro – und vor allem Pausen, etwa bei Busfahrten, wieder zu echten Pausen werden zu lassen.

Da man allein oft weder genügend Mut noch Disziplin dazu aufbringe, solle man ein solches Experiment am besten in der Familie oder im Kollegenkreis diskutieren und beschließen, so Kalbitzer. Die Absicht dahinter: die ständige Erreichbarkeit durchbrechen, die grenzenlose Vermischung von Berufs- und Privatleben, das Verwischen von Aktivität und Passivität, von Interaktion und Introspektion.

Anschließend solle man sich fragen: Treten befürchtete Konsequenzen tatsächlich ein? Gerate ich wirklich in Missgunst bei Freunden oder Vorgesetzten, wenn ich nicht immer prompt auf Mitteilungen reagiere? Und: Spüre ich den Effekt echter Pausen?

In einem zweiten Versuch hält der Psychiater seine Klienten dazu an, einen Tag lang hemmungslos online zu surfen, zu spielen und zu chatten, um dann einen Tag lang komplett abzuschalten. So ließe sich am besten ergründen, welche Bedürfnisse das Internet befriedigt, wovon es am meisten ablenkt und wie sich dies ändern lässt.

Während der Experimente gilt es darum, Tagebuch zu führen, zu notieren: Wann vermisse ich am Offline-Tag das Internet am stärksten – und warum? Hilft es mir zum Beispiel dabei, unangenehmen Aufgaben oder Gesprächen auszuweichen? Wie sehr kann ich das Gefühl genießen, offline zu sein?

Und umgekehrt: Genieße ich am Online-Tag, in die Virtualität abzutauchen? Oder kommt das Bedürfnis auf, mich auch draußen zu bewegen?

Trifft ebendies zu, könnte man versuchen, im Alltag Rituale zu entwickeln, die helfen, solche Dinge auch zu tun, so der Experte. „Wenn Sie beim Surfen im Internet allerdings prima abschalten und auftanken können für den Berufs- und Familienalltag, ist das ebenfalls ihr gutes Recht. Dann surfen Sie für einige Stunden, aber bewusst!“

Vielleicht geht es nicht um Optimismus und Pessimismus, um Euphorie oder Verdammnis, sondern um Bewusstheit. Um die Gewissheit, sich entscheiden zu können – für oder gegen die Technologie.

Und das in jedem Moment.

Paradoxerweise können uns genau dabei wiederum technische Hilfsmittel unterstützen: Immer mehr Apps und Programme koppeln Nutzer eine Zeit lang vom Internet ab, helfen ihnen, Muster ihres Verhaltens zu erkennen, oder belohnen sie gar mit Punkten dafür, wenn sie bei einem abendlichen Treffen mit Freunden ihr Telefon ignorieren (siehe Kasten).

Solcherlei Möglichkeiten sind vielleicht die Vorreiter einer weiteren Stufe der Digitalisierung. Einer Zeit, in der wir die Kontrolle wieder zurückgewinnen – und lernen, Smartphones, Tablets und Co. als das zu erleben, was sie doch eigentlich sind.

Werkzeuge mit einem großen Potenzial. ‹

LESETIPPS

Jan Kalbitzer
Digitale Paranoia
Nüchtern betrachtet der Berliner Psychiater die Technisierung des Alltags und gibt Anleitungen für kleine Verhaltensexperimente.
208 Seiten, 16,95 Euro

Adam Alter
Unwiderstehlich
Der New Yorker Medienpsychologe erklärt in seinem US-Bestseller, wie die großen Tech-Konzerne gezielt menschliche Makel ausnutzen.
368 Seiten, 22 Euro

Anitra Eggler
Mail halten!
Ein liebevoll gestalteter Ratgeber mit vielen inspirierenden Tipps zum bewussten Umgang mit Technik.
352 Seiten, 19,95 Euro

Tipps

Digitale Helfer

Vier Apps für einen achtsamen Umgang

»RescueTime«
Die App läuft im Hintergrund auf dem PC oder Smartphone und misst die Zeit, die wir auf bestimmten Seiten verbringen. So lassen sich Zeitfresser ausfindig machen. Die App ist kostenlos. In der kostenpflichtigen Premium-Variante gibt es neben weiteren Features auch Blocking-Funktionen.
www.rescuetime.com

»Offtime«
Hilft, den eigenen Umgang mit dem Smartphone besser zu kennen und daraufhin manche Anwendungen für bestimmte Zeiträume zu blockieren. Wer etwa gerade „Wichtiges im Job“ erledigt, zu dem dringen nur Telefonanrufe enger Geschäftspartner durch.
www.offtime.co

»Forest«
Nutzer pflanzen virtuelle Bäume – die nur gedeihen, wenn sie eine Zeit lang das Smartphone unberührt lassen. Miteinander bekannte Nutzer können auch gemeinsam einen Wald hegen. Und wenn genug Bäume gewachsen sind, pflanzen die Anbieter einen echten Baum in der Realität.
www.forestapp.cc/en

»Time Out«
Achtet auf notwendige Pausen am Bildschirm und legt einen Schleier über das Display, damit man auch wirklich kurz davon aufblickt. Etwa: Alle zehn Minuten zehn Sekunden Pause sowie zehn Minuten nach 50 Minuten Bildschirmarbeit. Einstellungen lassen sich individualisieren.
www.dejal.com/timeout

»Hygge«, das dänische Wort für **Gemütlichkeit,** ist zum Inbegriff eines neuen Lebensgefühls geworden, das Zusammenhalt, Freude und **Wohlbefinden** verspricht. Aber ist das nicht nur schlichte Weltflucht? Der Kulturwissenschaftler und **Skandinavist Bernd Henningsen** über den Ursprung dieses Trends – und die hohe Zufriedenheit im Norden

die *sehnsucht*

Nordromantik

In der idealisierten Hygge-Welt werden alle möglichen Elemente des Nordens vermengt: von Kerzen, Gebäck, Möbeln bis zu »falunroten« Schwedenhäusern

INTERVIEW:

Maria **Kirady** und
Bertram **Weiß**

nach dem *norden*

Freiräume

Dänen gelten als eines der glücklichsten Völker der Welt – auch, weil sie sich im Alltag mehr Zeit für das Schöne im Leben nehmen: für Hygge

Selbermachen

Töpfern, Basteln, Holzarbeiten: Zur Hygge-Philosophie gehört es, Dinge mit der Hand zu fertigen und Gebrauchtem neuen Sinn zu verleihen

GEO WISSEN: *Herr Professor Henningsen, wenn es um ein gutes und glückliches Leben geht, begegnet einem oft das dänische Wort „hygge“. Was steckt dahinter?*

PROF. DR. BERND HENNINGSEN: Hygge ist ein alltäglicher dänischer Ausdruck, der nicht leicht zu übersetzen ist. Er steht für etwas Warmes und Angenehmes, ein liebevolles Zufrieden- und Zusammensein. Im Deutschen ähnelt dem am ehesten die „Gemütlichkeit“. Die Dänen verwenden das entsprechende Adjektiv aber fast inflationär, sie bezeichnen praktisch alles als „hyggelig“: vom Kaffeetrinken über Inneneinrichtung bis hin zu Situationen, in denen sie sich wohlgefühlt haben. Zum Abschied sagen sie etwa „det var hyggelig“, also etwa, „das war doch gemütlich“.

Ein anderes Beispiel: Im letzten Sommer war ich in Nordjütland in einem Hotel, dem ich keine zwei Sterne geben würde, das Zimmer war eng, ich konnte mich kaum umdrehen. Auf dem Werbeflyer aber wurden die Zimmer und die Frühstücksterrasse neben dem Parkplatz mehrfach als „super hyggelig“ angepriesen. Wer sich in Dänemark aufhält, kommt um Hygge also nicht herum.

Und wie ist „hygge“ auch außerhalb Dänemarks wichtig geworden?

Um das nachzuvollziehen, muss man wissen, dass die Dänen jahrelang an der Spitze des „World Happiness Report“ standen. Für diesen „Glücksindex“ werden jedes Jahr Menschen in mehr als 150 Ländern gefragt, wie zufrieden sie mit ihrem Leben sind. Zudem analysieren Wissenschaftler mehrere Kriterien wie Pro-Kopf-Einkommen oder Freiheitsgefühl – und erstellen daraus eine Rangliste. Die Dänen belegten dabei bislang immer einen der drei ersten Plätze, zusammen mit anderen nordischen Ländern wie Norwegen oder Finnland.

Aber niemand wusste so genau, wieso – bis der Kopenhagener Glücksforscher Meik Wiking vor zwei Jahren behauptete, eine Erklärung gefunden zu haben: Hygge. In diesem Wort, sagte er, stecke alles, was dänische Lebensart ausmacht – die Entschleunigung, das Beisammensein, der freundliche Umgang miteinander. Und genau daraus, so die These, schöpften die Dänen ihr Lebensglück. Offenbar hat Wiking damit einen Nerv getroffen. Alle wollen plötzlich hyggelig sein. Zunächst in den USA und in Großbritannien, nun auch in Deutschland.

Prof. Dr. Bernd **Henningsen**

Der Skandinavist leitete als Gründungsdirektor das Nordeuropa-Institut an der Berliner Humboldt Universität und lehrte bis zu seiner Pensionierung auch an der Universität Kopenhagen.

Sie haben in Dänemark gelebt. Haben die Menschen dort ein besonderes Talent, es gemütlich zu haben?

Sie lassen sich nicht so leicht hetzen und legen viel Wert auf eine sozial ausgeglichene Lebenswirklichkeit, auf ein gutes Miteinander. Das zeigt sich am deutlichsten im Job. So gibt es an den meisten Arbeitsplätzen großzügig eingerichtete Aufenthaltsräume mit Obstschalen, Zeitungen, einem TV-Gerät und bequemen

Alltagsfluchten

Picknick im Wald, Schwimmen im See – Hygge befeuert das Verlangen gestresster Großstadtmenschen nach Entschleunigung

Sesseln, die zum Verweilen einladen. Das gehört in skandinavischen Ländern zum Standard. Wird ein neues Bürogebäude geplant, legen die Architekten zuerst die Gemeinschaftsräume an und bauen den Rest darum herum.

In Dänemark stehen alle morgens in der top ausgestatteten Büroküche, um sich mit Gebäck und einem Heißgetränk in der Hand zu unterhalten. Genauso machen sie ihre Mittagspause und ihre Nachmittagspause. Und um 17.00 Uhr ist Schluss. Es sei denn, die Mitarbeiter haben Kinder, dann dürfen sie selbstverständlich früher nach Hause gehen. Der Arbeitsalltag ist also insgesamt viel entschleunigter. Komfort, Atmosphäre, Gemeinschaft stehen im Vordergrund.

»Im Norden liegt kein Märchenland, auch dort gibt es Probleme«

Auch der Arbeitsweg ist entschleunigt: Die meisten fahren Fahrrad.

Das tun sie sogar im Winter. Es ist üblich, dass bei Schneefall erst die Fahrradwege freigeräumt werden, dann die Autospuren. Meine Beobachtung in Universitäten, Ministerien und Behörden in Skandinavien war, dass am Arbeitsplatz auch für Hygienebedürfnisse gesorgt ist: Wer verschwitzt zur Arbeit kommt, für den gibt es Duschen. Sie sehen: Dort wird über menschliche Bedürfnisse ganz anders nachgedacht als bei uns.

Und sind die Dänen so freundlich wie oft behauptet?

Einer der Grundsätze im täglichen Umgang lautet: Sei nett zu den anderen. Die Dänen sind – wie alle Skandinavier – stark konsensgetrieben. Heftige politische Auseinandersetzungen wie in Deutschland sind eher selten. Zudem ist die Alltagssprache viel gefühlsbetonter und zugewandter. Nicht so hart, förmlich und distanziert wie das Hochdeutsche. Auch tun sich die Dänen weitaus leichter mit dem Duzen, allein dadurch entsteht ein Gefühl von Gleichrangigkeit und Gemeinschaft.

Ich glaube, in Deutschland ist Hygge der Versuch, etwas von dieser Wärme und Freundlichkeit zu uns zu holen, eine Art Vehikel zur Entschleunigung. Inzwischen werden aber alle möglichen Waren mit diesem Etikett versehen und verkauft: Bücher, Kerzen, Möbel, Gebäck. Vieles, was da gehandelt wird, hat mit Dänemark nicht viel zu tun. Vielmehr erschaffen wir uns einen Sehnsuchtsort, in dem alle möglichen Elemente des Nordens miteinander vermengt werden.

Ist Skandinavien auch deshalb ein so beliebtes Touristenziel?

Es ist Ausdruck der Sehnsucht nach dem Utopia im hohen Norden. Aber manch einer kehrt ernüchtert zurück und erkennt: Im Norden liegt kein Märchenland – auch dort gibt es Probleme. So ist die Lebenserwartung in Dänemark im Vergleich zu anderen Wohlfahrtsstaaten niedriger. Das liegt wohl unter anderem an dem hohen Zucker- und Fettkonsum und daran, dass dort lange Zeit sehr viel geraucht wurde – auch wenn sich das inzwischen wandelt. Ich glaube daher, dass die dä-

nische Lebenszufriedenheit, die der „World Happiness Report“ abbildet, zum Teil auch auf einem mehr oder weniger bewussten Willen der Dänen zur Selbsttäuschung beruht.

Inwiefern?

Die Neigung, es sich gemütlich zu machen, sich auf das Schöne und Warme zu konzentrieren, ist dann besonders stark, wenn Probleme zunehmen. Kurz: Lieber wegsehen, als den Schwierigkeiten ins Auge zu blicken. Das ist menschlich nachvollziehbar.

»Wir könnten viel von Skandinavien lernen, aber wir tun es nicht«

Wenn man die Vergangenheit betrachtet, stellt man fest, dass die dänische Historie eine Geschichte der Niederlagen ist. Am schlimmsten war wohl das Jahr 1864, als die Dänen nach dem Verlust von Norwegen an Schweden einen weiteren Teil ihres Landes nach dem verlorenen Krieg an Preußen und Österreich abtreten mussten. Dieser Einschnitt wirkt bis heute nach, gewissermaßen als nationales Trauma.

Die Dänen haben damals versucht, das Beste aus ihrer Situation zu machen. Sie haben sich ein Denkmuster geschaffen, das Wissenschaftler den „Kult der Niederlage“ nennen. So entstand nach 1864 die Devise: Was wir außen verloren haben, müssen wir innen gewinnen. Anders gesagt: Wenn dir nicht gefällt, was um dich herum geschieht, dann beschäftige dich mit dir selber, deinem Zuhause, deinen Liebsten.

Im Mittelpunkt stehen also: Rückbesinnung auf die eigenen Werte, das eigene Glück, fester Zusammenhalt in der Gemeinschaft. Aber auch: Abschottung nach außen, Rückzug von der feindseligen Welt in die behütete Innerlichkeit.

Wenn mich die Welt da draußen überfordert, werde ich hyggelig?

Genau. Und diese dänische Gemütlichkeit nach innen kann für Fremde sehr ungemütlich sein – Prinz Henrik, der gerade verstorbene französische Gemahl der dänischen Königin, hat darunter gelitten und sich oft beklagt. Dänen sind im Alltag zuvorkommend, das Fremde, das Andere wird aber abgelehnt. Denn das eigene Land, die eigenen Leute, die eigene Kultur kommen an erster Stelle – und wenn dieser Blick auf die Welt offensichtlich nicht stimmt, dann wird der Einfluss des Anderen auf die eigene Kultur geleugnet.

Freundlichkeit auf der einen, Fremdenfeindlichkeit auf der anderen Seite – das klingt widersprüchlich.

Ist es auch. Deshalb sollte man differenzieren. Weniger Stress, mehr Entschleunigung – ja, da können wir viel von den Dänen lernen. Gern auch mit schönen Anleitungen für Strickmuster, Kerzenziehen oder Marmeladekochen. All das kann zu einem guten Leben gehören. Aber die Kehrseite davon ist oft fatal: das mentale Sichverschließen vor dem politischen Weltgeschehen, vor Problemen des gesellschaftlichen Alltags, die Fokussierung aufs eigene Glück.

Diese Phase des Rückzugs des Bürgertums vom Politischen gab es übrigens auch schon mal in Deutschland, in der ersten Hälfte des 19. Jahrhun-

Sehnsuchtsort

Der raue Ruf des Nordens trägt viel zum Kult bei. Etwa die Vorstellung von frischen Waldbeeren und einsamen Seen

derts mit dem Biedermeier. Mit Hygge erlebt diese bürgerliche Denkfaulheit eine Renaissance.

Ist es nicht gesund und lebensklug, sich ab und zu mal von der Welt zurückzuziehen und sich auf sich selbst zu besinnen?

Durchaus. Aber die heimelige Sehnsuchtswelt, die wir uns in Deutschland rund um den Begriff „Hygge“ erschaffen, suggeriert, dass wir in einem Zustand der Abgeschiedenheit und Entschleunigung leben könnten, wenn wir uns nur genug darum bemühen. Da wird die Sehnsucht nach einer Art paradiesischem Urzustand befeuert: Wer würde nicht gern jede Woche Kuchen backen, Abend für Abend mit Freunden um einen großen Tisch herum sitzen, bei Sturmwind den Kamin prasseln lassen und das Leben genießen?

Aber so ist die Wirklichkeit auch in Deutschland nun einmal nicht. Wie soll unter den modernen Arbeits- und Lebensbedingungen beispielsweise eine alleinerziehende Mutter mit zwei Kindern in ihrem Alltag hygge sein? Sie ist mit anderen Herausforderungen konfrontiert, als immerzu Kerzen anzuzünden und einen Waldspaziergang zu machen, als Zimtschnecken zu backen und Blumenkränze zu flechten.

Abgeschiedenheit

In seiner extremsten Form bedeutet Hygge Rückzug in ein privates, heimeliges Reich – bis hin zur Weltvergessenheit

GUT ZU WISSEN

Bedeutung

»Hygge« ist eines der häufigsten Wörter der dänischen Alltagssprache. Es steht für ein liebevolles Zufrieden- und Zusammensein.

Versprechen

Vielfältige Bücher und Zeitschriften in den USA und Europa bieten Anleitungen, wie das Glück aus dem Norden zu erreichen sei.

Realität

Tatsächlich sind die Dänen besonders glücklich. Das liegt an den sozialen Lebensumständen, aber auch an einem historisch bedingten Willen zur Zufriedenheit.

Was sollten wir uns Ihrer Meinung nach in Sachen Entschleunigung von Dänemark abschauen?

Eine ganze Menge. Aber es ist schwieriger, als wir oft denken. Seit 50 Jahren höre ich diese Frage „Was können wir von den Skandinaviern lernen?“

Wir sprechen über angenehm gestaltete Arbeitsplätze, genügend Freiräume und Pausen, kürzere Arbeitszeiten, bessere Kinderbetreuung, Vereinbarkeit von Familie und Beruf – alles Dinge, die in Dänemark, aber auch in Schweden und Norwegen viel besser funktionieren als hierzulande.

Trotz beträchtlicher Sozialkosten und Steuern ist die Produktivität dort extrem hoch, weil die Menschen motiviert sind und die Arbeitgeber viel daran setzen, dass der Einzelne mit seinem Leben zufrieden ist. Und das könnte durchaus als Vorbild für Deutschland dienen. Aber was wurde davon hierzulande umgesetzt? Erschreckend wenig. Wenn uns das gelänge, dann würde Deutschland im „World Happiness Report“ vielleicht einen besseren Platz belegen als Rang 15.

Gibt es außer Hygge noch andere nordische Besonderheiten, die als Vorbild dienen können oder gar das Potenzial zum Trend haben?

Das kann mit Gewissheit natürlich niemand sagen. Aber eine typische Haltung in Dänemark, die ich persönlich sehr nachahmenswert finde, ist die oft zu erlebende Dankbarkeit. Als ich als Jugendlicher nach Dänemark kam, war eine der ersten Erfahrungen, dass die Menschen sich viel häufiger und selbstverständlicher bedanken.

Ohne Übertreibung: Die dänische Gesellschaft ist eine Danke-Gesellschaft. Sie ist durchdrungen von der Gewissheit, dass es von Wert ist, wenn jemand sich Mühe gegeben hat.

Im Alltag sagen die Menschen dort oft sogar mehrfach hintereinander Danke: „Tak, tak, tak.“

Das klingt in unseren Ohren natürlich nicht so melodisch wie Hygge. Für ein entspanntes Zusammenleben ist es aber mindestens genauso wichtig. ◂

Immer erreichbar

Ja, es gibt wichtigere Dinge im Alltag. Aber ist es schlecht, sich online für andere zu interessieren?

ich und mein digitaler *wahn*

Anja Rützel kennt die Hassliebe zu Smartphone & Co. genau. Hier erzählt sie, weshalb die digitale Welt sie oft nervt, ja belastet – und sie sich doch nicht von ihr lösen kann

TEXT:
Anja **Rützel**
•
ILLUSTRATIONEN:
Rinah **Lang**

a

An guten Tagen ist mein Internet eine bunte Blumenwiese, die nach Veilchen duftet, auf der ich mit schmusefreudigen Dackelwelpen Ringelreihen tanze und dabei Fotos von mir mache, auf denen ich super aussehe. Fremde Menschen tanzen lachend mit, reichen mir Schokoküchlein und erzählen hervorragende Witze, ich amüsiere mich blendend, bis ich irgendwann ganz vollgefressen bin mit tollen neuen Ideen und Geschichten und glücklich einschlafe.

An schlechten Tagen ist mein Internet eine abschüssige Straße, auf der ich Rollschuh laufe, aber alle paar Meter hinfalle, weil böse Menschen Rollsplitt und Schrauben auf den Weg werfen, damit ich stürze und mir weh tue, einfach nur aus blanker Gemeinheit.

Und fast immer ist mein Internet ein schlammiger Sumpf mit enormer Sogkraft, der an meinen Beinen zerrt, wenn ich ihn eigentlich nur schnell durchwaten will, und mich nicht mehr loslässt – und mit Hunderten von Egeln, die sich an mir festsaugen und mir Zeit, Energie und Nerven rauben.

Ich hatte noch nie eine Beziehung, die so kompliziert war wie die zum Internet. Denn unser Verhältnis ist wacklig und fragil, sie kann von einem Moment auf den anderen kippen.

Zum Beispiel, wenn ich an meinem Schreibtisch sitze und wirklich dringend arbeiten muss, aber auf meinem Smartphone ständig Nachrichten aus drei parallel geführten Chats aufplingen, die meine Aufmerksamkeit verlangen wie Quengelkinder am Supermarktkassen-Süßigkeitenregal.

Ich habe nicht mal Zeit für einen der drei Online-Plapperer und muss sie doch schnell alle betreuen, damit sie Ruhe geben: Ein Freund will mir ausführlichst von seiner neuen Liebschaft erzählen, mit der sich gestern Abend, den Knutschsektor betreffend, geradezu Epochales, die Welt der romantischen Zweierbeziehung grundlegend Revolutionierendes zugetragen habe.

Eine flüchtige Bekannte braucht dringend Reisetipps für Porto, sie habe auf meinen Instagram-Bildern letzte Woche gesehen, dass ich ja gerade da war und offenbar viel Spaß hatte.

Und meine Nachbarin von oben schickt im Minutentakt Fotos von ihrem neuen Kätzchen.

Alle drei Chats behandeln Themen, an die ich gern meine Zeit verschenke. Das ist der Haken an der Sache, sonst könnte ich mich leichten Herzens einfach überall abmelden und hätte für immer meine Ruhe. Aber ich liebe Knutschtratsch, ich gebe gern Reisetipps, ich kann mich an niedlichen Tieren nicht sattsehen. Und ich liebe ja auch das Internet, meinen Abenteuerspielplatz, auf dem ich mich nur eben zu oft so sehr verzettele und vertrödele wie ein Träumerlekind auf, nun ja, einem echten Spielplatz – mit dem kleinen Unterschied, dass ich mich selbst ausschimpfen muss, wenn ich mal wieder zu spät nach Hause komme.

Manchmal hasse ich mich regelrecht dafür, dass ich auch schon mal wichtige, dringliche, meine Miete bezahlende Aufgaben aufschiebe, weil ich mich so leicht ablenken lasse – und mir eben schnell noch ein paar schöne Wortspiele ausdenken muss, wenn meine Twitter-Timeline gerade Fernsehserien mit Fußballernamen umdichtet. Auf „Aus heiterem Hummels" und „Miami Reus" war ich damals sehr stolz, aber dafür stolperte ich dann eben auch mal wieder über eine Deadline.

Nervig wird es für mich immer dann, wenn ich nicht mehr aktiv für mich beschließe, wie intensiv ich mich gerade von solchen Social-Media-Belangen ablenken lasse, sondern wenn es sich plötzlich anfühlt, als zerrten mich Facebook-Benachrichtigungen und neu gestartete Instagram-Livestreams gegen meinen Willen aus meiner anderen, gerade wichtigeren Tätigkeit. Als bestimmten Smartphone, Laptop und Tablet über mein Leben, so dramatisch das jetzt auch klingt.

Diese Vereinnahmung kann auch gefährlich werden und richtig weh tun. Das spürte ich schmerzhaft, als ich eines Tages auf dem Hundeauslaufplatz von einer Schar Windhunde im Vollgalopp umgerannt wurde.

Sie sprangen mir bei ihrer wilden Hatz von hinten in die Knie, und ich sah sie nicht heranpreschen, weil ich starr auf mein Smartphone schaute und komplett davon abgelenkt war, eine Snapchat-Story von meinem eigenen Hund zu drehen, der sich gerade behaglich in ein paar Gänseblümchen wälzte. Ich ging slapstickreif zu Boden, mein Knie schmerzt seitdem immer noch ab fünf Stockwerken beim Treppensteigen.

Tankstelle für Sozialkontakte

Ein lustiger Chat, ein freundlicher Eintrag im Forum: genug, um den Tag sofort zu verschönern

Am meisten schmerzt mich aber die Zeit, die ich in Menschen investiere, die ich nicht mal richtig kenne: Dann lese ich mich an fremden Streitigkeiten fest oder verfolge die Timelines von Leuten, bei denen ich nur durch einen falschen Klick gelandet bin.

Es ist ja nichts Schlechtes, sich für andere zu interessieren. An guten Tagen finde ich es durchaus faszinierend, was man aus dem Social-Media-Verhalten von Menschen herauslesen kann. Und das sind bei Weitem nicht immer nur sympathische Züge. Viele Leute zeigen im Internet Seiten von sich, die sie im analogen Leben niemals präsentieren würden oder die überhaupt die digitale Kommunikation erst aus ihnen hervorkitzelt.

Das Stinkstiefelwesen zum Beispiel gedeiht im Internet ja viel prächtiger als im unmittelbaren, direktmenschlichen Kontakt.

Anja **Rützel**

ist Autorin in Berlin und regelmäßig in sozialen Netzwerken aktiv. Wer ihr auf Twitter folgen möchte: @aruetzel

Ganz lossagen kann ich mich davon trotzdem nicht, denn es gibt sie ja zwischendurch doch, die guten Blumenwiesentage mit den Hundewelpen.

Ich nutze Social Media gern als unkomplizierte Kontakttankstelle, weil ich, seit ich von zu Hause aus arbeite, oft tagelang nur sporadisch auf Menschen treffe, und oft klappt das auch ganz wunderbar: Schon ein lustiger, schneller Chat mit einem alten Freund in einem anderen Land, den ich schon viel zu lange nicht mehr besucht habe, oder eine freundliche Unterhaltung in einem Forum über eine ganz spezielle Hundeerziehungsfrage können meinen Tag sofort schöner machen.

Internet und ich, das funktioniert so wie Schopenhauers Stachelschweine. 1851 veröffentlichte der Philosoph seine „Parerga und Paralipomena", darin ein Gleichnis aus der Tierwelt über eine Gruppe Stachelschweine, denen an einem kalten Tag gemeinsam fröstelig wird. Also rücken sie zusammen, um sich aneinander zu wärmen. Doch je näher sie sich dabei kommen, desto schmerzhafter piksen die Stacheln der Nachbarschweine. Also rücken sie wieder voneinander weg, fangen dann wieder an zu frieren, rücken wieder aufeinander zu. So lange, bis sie die Entfernung voneinander gefunden haben, die ihnen am erträglichsten ist.

Genauso geht es mir mit dem Internet, vor allem mit Social Media: Ich kann nicht völlig darauf verzichten, weil ich mich dann von der Gemeinschaft abgehängt fühle, aber schnell wird mir diese zumindest simulierte Nähe dann wieder zu viel.

m

Manchmal treibt mich mein unausgewogenes Online-Leben zu Trotzreaktionen: Statt einfach eine Weile nicht mehr zu gucken, wenn mir das Tischfeuerwerk der Banalitäten auf den Geist geht, deaktiviere ich für ein paar Wochen (na gut, für eine oder zwei) meine Accounts, um mir die vorzeitige Rückkehr aus Neugier oder Willensschwäche möglichst umständlich zu machen.

Immerhin schreibe ich keine melodramatischen Abschiedsbotschaften, wie es gelegentlich Menschen tun, bevor sie sich in einen „Digital Detox“ verabschieden. Nach ausführlicher Beobachtung dieses Verhaltens habe ich dabei folgende Faustregel aufgestellt: Je dramatischer und unnötig ausführlich das Abschiedsposting ist („Es muss endlich aufhören!“), desto schneller sind die Abtrünnigen wieder zurück.

Wer sich selbst so wichtig nimmt, seinen zeitweiligen Abgang mit Pauken und Trompeten anzukündigen, hält es ohne Internetbühne nicht lange aus.

Es sei denn, er begibt sich für seinen Digitalentzug an einen Ort, an dem es schlicht kein Internet gibt. Diese Refugien sind allerdings sehr selten geworden, selbst im Basislager des Mount Everest gibt es stabiles Netz.

Vor einiger Zeit ist eines der letzten Zwangsoffline-Bollwerke gefallen – und auch Bahnfahrer können nun im ICE mit dem bordeigenen WLAN surfen. Zumindest theoretisch. Ich werde bei diesen Reisen regelmäßig von schlimmem WLAN-und-Akku-Neid gebeutelt: Weil mein Smartphone sich bei Zugfahrten immer wieder mal komplett abschaltet, kann ich den Surfenden um mich nur neidvoll zuschauen.

Ich lese dann meistens notgedrungen ein Buch, das ist ja auch mal schön, und raschele dabei vorwurfsvoll mit den Seiten, damit alle auch mitbekommen, wie vergeistigt und undigital ich unterwegs bin.

Offline zu sein ist tatsächlich zu einem Statussymbol geworden. Denn wer es lange ohne die kleinen digitalen Männchen aushält, der hält es ebenso lange nur mit sich selber aus. Und das ist eine Fähigkeit, die durch das ständige soziale Grundrauschen um einen herum immer mehr verkümmert.

Es reicht wirklich schon, in der Bahn gedankenverloren aus dem Fenster zu schauen, um automatisch ein bis zwei Ligen tiefsinniger zu wirken.

Als ich kürzlich allein in einem Restaurant in Marrakesch saß, geriet ich schnell in eine rege Unterhaltung mit einem deutschen Ehepaar am Nebentisch: Beide waren ganz begeistert, weil ich nicht dauernd auf mein Smartphone starren würde wie ihre erwachsenen Kinder, sondern einfach so dasäße und die Atmosphäre genösse.

Ich sonnte mich, geschmeichelt, in dem Lob, hätte aber eigentlich gern zwischendurch auf mein Smartphone gestarrt, das ich vor dem Beginn des Gesprächs nur deshalb umgedreht vor mir auf den Tisch gelegt hatte, weil ich über die bestmögliche Replik auf eine unverschämte Nachricht nachdachte.

Allerdings traute ich mich nun nicht, die Lobeshymne auf mich zivilisierten Menschen zu unterbrechen, und ließ es also liegen. Zwei Stunden lang warf ich keinen Blick auf das Display und unterhielt mich dabei ganz gut.

Danach war ich ein bisschen erschöpft, der Verzicht hatte mich angestrengt. Doch ich denke seither häufig an diese zwei Stunden bewusstes Analogisieren – und manchmal gelingt es mir, sie auch ohne Kontrollpaar am Nachbartisch ganz allein und bewusst zu wiederholen. ‹

»Manchmal hasse ich mich dafür, dass ich mich so leicht ablenken lasse«

Gegen den Nachrichtenstrom

Offline zu sein, sagt Anja Rützel, gilt heute als Statussymbol – als Zeichen dafür, dass man es mit sich selber aushält

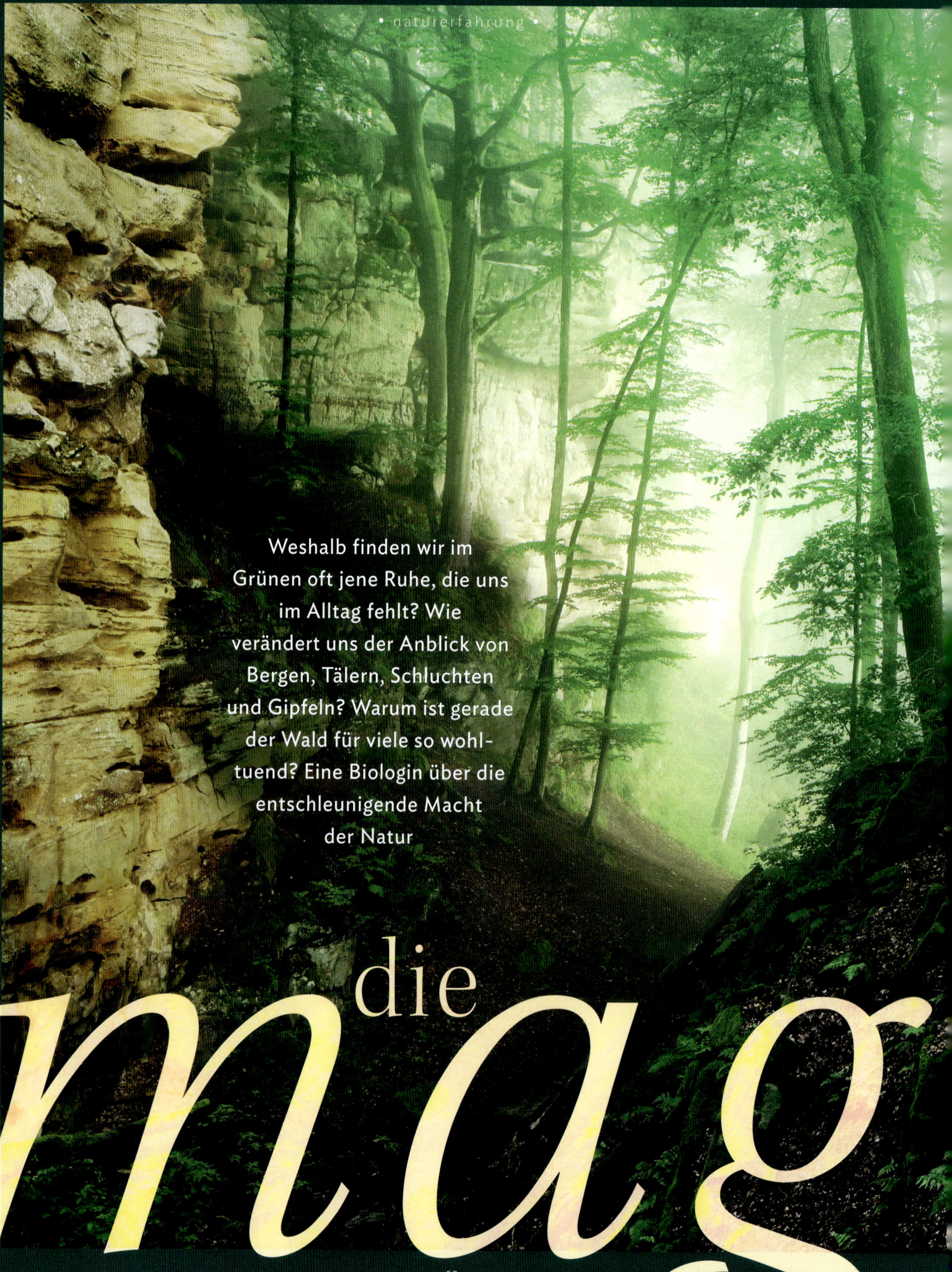

Weshalb finden wir im Grünen oft jene Ruhe, die uns im Alltag fehlt? Wie verändert uns der Anblick von Bergen, Tälern, Schluchten und Gipfeln? Warum ist gerade der Wald für viele so wohltuend? Eine Biologin über die entschleunigende Macht der Natur

die mag

Lebendige Stille

Alles ist hier im steten Wandel, wirkt aufeinander ein: Und doch entfaltet sich im Wald mit seiner erhabenen Pracht augenblicklich ein Gefühl der Verlangsamung

INTERVIEW:

Rainer **Harf** und Sebastian **Witte**

•

FOTOS:

Kilian **Schönberger**

ie der wildnis

»Im Wald blinken keine Monitore, hier piepsen keine Smartphones. Die Natur ist analog – darin liegt ihr großer Schatz«

Fern der Eile

Im Freien fallen viele in jene Ruhe zurück, die der Geist braucht, um sich zu regenerieren. Und die unser fragmentierter Alltag immer seltener zulässt

Gegen die Beschleunigung

Eine ständig höhere Geschwindigkeit bestimmt den Takt des modernen Lebens. Ausgleich verschafft die Befriedigung, die wir in der Wildnis erleben: Denn sie verlangt nichts

»Wer einen Spaziergang im Grünen macht,
braucht nicht
alle paar Minuten einen neuen Kick.
Licht, Luft und Farben stiften hier einen
tief empfundenen Sinn«

Einssein mit der Natur

Wer einen Ausflug ins Grüne unternimmt, spürt oft eine tiefe Verbindung zu seiner Umwelt – und dadurch auch zu sich selbst

GEO WISSEN: ***Frau Bartlick-Kustak, weshalb ist die Natur so wichtig für uns Menschen?***

BETTINA BARTLICK-KUSTAK: Sie ist analog. Und genau darin liegt ihre große Kraft. Sie verschafft uns die Möglichkeit, aus dem durch Technik, digitale Angebote und Reize immer stärker bestimmten Alltag auszusteigen. Es mag ein inzwischen etwas abgegriffener Terminus sein, doch die Natur entschleunigt uns. Und zwar automatisch. Dort gibt es zwar viel zu sehen, zu staunen, aber da blinken keine Monitore, da piepsen – sofern man bei einem Besuch in der Natur sein Smartphone ausschaltet – keine eingehenden Mails oder Kurznachrichten.

Die Erfahrung, die wir in direktem Kontakt mit der Natur sammeln, erdet uns. Und besonders im Wald, der sich ja auch durch seine Größe, seine Tiefe, seine Dreidimensionalität auszeichnet, tauchen wir förmlich ein in eine andere, analoge Welt. Wer einen Waldspaziergang unternimmt, merkt auch schnell, dass er – im Gegensatz

Bettina **Bartlick-Kustak**

Die Hamburger Biologin arbeitet in der Umweltbildung der Schutzgemeinschaft Deutscher Wald. Derzeit beteiligt sie sich an einem Forschungsprojekt der Universität Hamburg zum Thema Naturpädagogik.

»Das Streifen abseits der Wege ist eine Form der **Bewegung**, die den Geist anregt – und gleichzeitig Reserven auffüllt«

zum Alltagsleben – nicht alle paar Minuten einen neuen Kick braucht.

Und kann dadurch so etwas wie Glück empfinden?

Genau. Wir alle sehnen uns nach Sinneserfahrungen, die uns das Gefühl geben, dass wir mit der Welt in echter Verbindung stehen. Dieses Gefühl kann uns zu einem bestimmten Grad nur die Natur vermitteln. Aus der Hektik des Alltags kommend, aus der Gier nach immer mehr Reizen, fallen viele Menschen im Wald in eine aufmerksame Ruhe zurück. Eine Ruhe, die unser Gehirn zur Regeneration braucht. Und die immer weniger Menschen in ihrem fragmentierten Alltag finden.

Derartige Erfahrungen entziehen sich der üblichen Logik von Beschleunigung und Steigerung. Die tiefe Befriedigung, die wir in der Natur erleben, ist eben nicht steigerungsfähig, sie ist auch gar nicht steigerungsbedürftig. Es muss beim nächsten Mal nicht noch actionreicher, noch schneller sein. Man erlebt vielmehr: Man kann mit weniger zufriedener sein. Darin liegt vielleicht das größte Geschenk, das uns die Natur machen kann, nach meiner persönlichen Erfahrung vor allem der Wald.

Was empfinden Sie, wenn Sie einen Wald betreten?

Aufenthalte im Wald haben für mich ganz viel mit Genuss zu tun. Ich spüre, wie gut es mir tut, einfach da zu sein, Bäume und Büsche anzuschauen, Zeit und Ruhe zu haben, mich selber zu erleben. Immer wenn ich für längere

Zeit in der Stadt war oder mich in geschlossenen Räumen aufgehalten habe, merke ich, dass mir etwas fehlt. Dann muss ich hinaus in die Natur. Das kann eine offene Landschaft oder auch ein Hügel sein – aber der Wald ist etwas Besonderes.

Selbst wenn ich morgens auf dem Weg zur Bahn bin und noch eine Viertelstunde Zeit habe, bemühe ich mich, einen kleinen Abstecher durch ein Waldstück zu nehmen. Da duftet der Boden, bricht sich das Licht in grünen Kronen, der Blick geht mal in die Weite, mal verweilt er auf der filigranen Struktur eines Spinnennetzes. Alles lebt, und alles hat seinen Sinn.

Im Wald, finde ich, kann man der Natur besonders nahe sein.

Was bedeutet Ihnen die Naturbegegnung ganz konkret?

Ich bekomme Kontakt zu dem, was die Erde ausmacht, was lebendig ist, was unser aller Dasein ermöglicht, was uns nährt, was unsere eigentliche Heimat ist. Und damit auch einen anderen Kontakt zu mir selber. Diese Begegnung hat immer auch etwas Körperliches, hat mit Bewegung zu tun: weil ich auf eine Anhöhe steige, einer Tierspur folge oder eine bestimmte Pflanze suche.

Ich bewege mich in der Landschaft und lande dadurch auch bei mir – beginne womöglich, über mich und mein Leben nachzudenken, belastende Erfahrungen aus dem Alltag zu verarbeiten. Körper und Geist werden rege.

Arbeiten unsere Sinne in der Natur schärfer als sonst?

Ja, weil sie auf vielfältige Weise angesprochen werden: Ich betrete eine Welt, in der ich unglaublich viel entdecken kann, in der ich vielleicht ein Knacken im Geäst höre, in der es nach Maiglöckchen oder Humus riecht, in der die Luft frischer schmeckt, meine Füße unebenen Boden spüren.

Diese facettenreiche Wahrnehmung läuft bei Menschen mal bewusst, mal weniger bewusst ab, aber stets führt sie dazu, dass wir uns vitaler fühlen. Vielleicht verspüren wir plötzlich und spontan Lust, durch das Unterholz hindurchzukriechen, an eine Stelle zu gelangen, die schwierig zu erreichen scheint. Interessanterweise empfinden wir aber all diese Vielfalt und all das Lebendige immer auch als Beruhigung.

Weshalb ist das so?

US-Forscher haben dazu eine Hypothese entwickelt, die sie „Attention Restoration Theory“ nennen. Ihre Annahme lautet, dass wir unsere Aufmerksamkeit im Alltag oft auf einen ganz speziellen Fokus richten, eine E-Mail, ein Gespräch, Straßenlärm. Und dadurch geistig relativ schnell erschöpfen. In der Natur ist unsere Aufmerksamkeit zwar auch sehr aktiv, doch sind die dortigen Reize weniger penetrant und gezielt. Dadurch können sich unsere Aufmerksamkeit, unser Arbeitsgedächtnis, auch unsere Selbstbeherrschung regenerieren.

Inzwischen bestätigen viele Untersuchungen diese These – schon ein kleiner Spaziergang im Grünen vermag uns innerlich zu beruhigen.

Verlassen Sie persönlich gelegentlich die üblichen Wege?

Sehr gern sogar. Wenn es irgendwie geht, gehe ich abseits der vorgesehenen Pfade, gezielt weg vom Weg. Dann erleben Beine und Füße schon einmal etwas anderes, man schaut auch noch viel bewusster hin, entdeckt die Natur ungleich intensiver.

Immer wieder erlebe ich auf Lehrgängen, wie erstaunt Menschen darüber sind, was sich alles allein unter einem abgebrochenen Stück Rinde tut: Da krabbeln mitunter Dutzende Asseln herum, kriechen Raupen und Maden durchs Holz, hasten Hundertfüßer davon. Mit etwas Glück entdeckt man schillernde Käfer oder bunte Wanzen. Viele Menschen denken, sie dürften die Waldpfade nicht verlassen. Doch es ist in Deutschland jedem erlaubt, in den Wald zu gehen, auch in einen Privatwald, sofern man nichts zerstört, Respekt zeigt und sich nicht in einem Naturschutzgebiet befindet.

Für mich gehört es dazu, einen Baum anzufassen, seine schartige Borke zu spüren, an einem Blatt zu riechen,

Gesunde Farbe

Allein der Anblick von Pflanzen hat einen heilsamen Effekt: Nachweislich wirkt sich das Grün der Blätter positiv auf Körper und Seele aus

Im Hier und Jetzt

Viele von uns denken allzu oft an Vergangenes oder sorgen sich um die Zukunft. In der Wildnis gelingt es uns dagegen leicht, ganz bewusst die Gegenwart zu erleben

»In der Natur sind die Reize
nicht so penetrant
wie in der Stadt: Das ist
überaus gesund
für unsere seelische Balance«

Im Rausch des Staunens

Wer sich ein wenig Wissen über die Natur aneignet, vermag mitunter eine noch tiefere Verbindung zu empfinden – und so etwas wie beglückende Ehrfurcht

Zurück zur Heimat

Die Wildnis erdet uns auch, weil in ihr unsere stammesgeschichtlichen Wurzeln liegen und sie uns Geborgenheit schenken kann

Belebende Aufmerksamkeit

Im Freien arbeiten unsere Sinne schärfer, wir achten auf vielfältige Details – und fühlen uns sogleich frischer, vitaler

mit der Hand in den Boden zu gehen oder ein Stück Rinde zu heben – und zu erkennen: Im Verborgenen spielt sich unglaublich viel ab.

Was geschieht da mit Ihnen?

Wir lernen mit dem Kopf, wir lernen mit den Händen, und wir lernen mit dem Herzen. Und wenn alle drei Dimensionen involviert sind, profitieren wir am ehesten.

Wir Menschen sind nun mal von Geburt an wissbegierige Wesen. Und wenn es uns gelingt, dieser kindlichen Neugier Raum zu geben, dann kommen wir ganz von selbst auf die Idee, aktiv zu werden – zum Beispiel ein kleines Wasserbassin in einer Astgabel genauer zu untersuchen, eine Vogelfeder in die Hand zu nehmen oder einen Stein hochzuheben.

Man muss sich nur trauen, aus der passiven Beobachterrolle auszubrechen und vom Hauptweg abzugehen. Manche verlieren sich auch darin, stundenlang nach Vögeln Ausschau zu halten. Bird-Watcher müssen in der Regel die eingetretenen Pfade verlassen und sich dann gut verstecken, etwa am Rande einer Lichtung. Mit etwas Glück erspähen sie dann einen Habicht oder einen Sperber im Anflug. Oder sie harren an einem Teich oder mit Blick auf einen alten Baumriesen aus – und erblicken womöglich einen Reiher oder eine Eule.

Wie lässt sich das Erlebnis Natur noch vertiefen?

Entscheidend ist, dass man sich einlässt auf den Moment. Auf das, was die Sinne gerade aufnehmen. Viele von uns sind gedanklich oft mit ihrer Vergangenheit beschäftigt – oder sorgen sich um die Zukunft. Doch die intensivsten Erlebnisse widerfahren uns stets dann, wenn wir uns auf die Gegenwart einlassen. Daher sollte man sich bewusst entscheiden: Ich nehme mir jetzt die Zeit, gehe hinaus in die Natur und öffne gleichsam meine Sinne.

Die Motive der Menschen, mal wieder in die Natur zu gehen, können letztlich ganz unterschiedlich sein.

Können Sie Beispiele nennen?

Für manche steht das Abenteuer im Vordergrund, andere wollen sich einfach nur auf einen Stamm setzen und ein Buch lesen oder in die Landschaft schauen, wieder andere streifen mit einem Bestimmungsbuch umher und identifizieren Pflanzenarten. Immer beliebter wird das Geocaching; dabei geht es darum, mithilfe von GPS einen bestimmten Punkt zu finden, an dem jemand etwas hinterlassen hat: zum Beispiel eine Kiste mit einem Logbuch, in das man sich eintragen kann. Und immer mehr Menschen möchten auch etwas sammeln, Pilze etwa oder Wildkräuter.

Wichtig ist nur, keinen Druck auf sich auszuüben, den Ausflug nicht nach Effizienz und Leistung zu beurteilen. Dann, so ist meine Erfahrung, geschieht ganz viel von selbst.

Wie hilfreich ist es, über die Natur Bescheid zu wissen?

Beides ist wichtig: das emotionale Erleben, die Bewegung, das Sinnliche; und die kognitive Beschäftigung. Wer gut informiert ist, vermag die Natur sicher noch mal ganz anders zu würdigen.

Immer wieder erlebe ich, wie verblüfft viele Menschen sind, wenn ich ihnen von den komplexen Beziehungen der Lebewesen zueinander erzähle. Etwa davon, wie Bäume über ihre Wurzeln und Pilzfäden miteinander kommunizieren; wie manche Raubinsekten andere Insekten mit Signalen anlocken, um sich dann über die Beute herzumachen; wie viele Arten allein auf einem einzigen Baum leben können; wie alt Bäume werden können und wie wichtig der Tod für das Ökosystem ist.

Erleben Sie, dass Menschen Berührungsängste mit der Natur haben?

Sehr oft sogar. Nicht wenigen ist die wilde Natur völlig fremd. Entweder sie sind in der Stadt aufgewachsen und haben die Natur nie wirklich kennengelernt. Oder sie haben sich im Laufe der Jahre mehr und mehr entfremdet, weil in ihrem Alltag keinerlei Kontakt mehr mit Flora und Fauna stattfindet. Wir können heutzutage ja von der Natur völlig isoliert leben. Und was ich nicht kenne, verunsichert mich womöglich.

Ich erlebe Menschen, die Angst haben vor dem Wald an sich. Er sei dunkel, unwirtlich, mitunter höre ich das Wort „Finsterwald“. Oder Menschen spazieren durch die Natur, aber trauen sich kaum, sie zu erfahren: Mal nach einem Blatt zu greifen, an einer Handvoll Erde zu riechen. Auch erlebe ich Angst vor Tieren, vor Spinnen etwa, Käfern, Würmern, Schlangen.

Doch die Natur führt einen immer wieder zu sich selber zurück, vor allem der Wald. Wir Mitteleuropäer kommen nun einmal stammesgeschichtlich aus dem Wald. Er ist gleichsam unser Zuhause, hier können wir uns aufgehoben fühlen. Der Wald hat etwas Nährendes, Heilendes.

Daher ist der achtsame Umgang mit unserer natürlichen Heimat wichtig: für die Natur – und für uns. ◂

LESETIPPS

Clemens G. Arvay
Der Heilungscode der Natur
Fundiert und unterhaltsam erläutert der Biologe jene vielfältigen Effekte, die sich im Kontakt mit der Natur förderlich auf unsere Gesundheit auswirken.
288 Seiten, 11 Euro

Peter Wohlleben
Das geheime Netzwerk der Natur
Auf mitreißende Art lässt der passionierte Förster den Leser in die Geheimnisse der Wildnis und das faszinierende Zusammenspiel von Flora und Fauna eintauchen.
224 Seiten, 19,99 Euro

Emanuele Coccia
Die Wurzeln der Welt
Mit feinem Gespür beschreibt der Philosoph den verblüffenden Einfluss der Pflanzen auf unser Leben.
192 Seiten, 20 Euro

Zurück zum Vinyl

Wenn er Schallplatten auflegt und der Musik dann konzentriert lauscht, sagt Andreas Wenderoth, fällt die Geschäftigkeit des Alltags von ihm ab. Sich in die Klangfülle und Sinnlichkeit seiner Tonträger zu vertiefen ist für ihn wie eine Meditation – ein Weg, der Hektik zu entkommen und zu sich zu finden

Text:

Andreas **Wenderoth**

•

Fotos:

Eilon **Paz**

Für sein Projekt »Dust & Grooves« hat der israelische Fotograf Eilon Paz Vinyl-Enthusiasten besucht, hier den Sammler und DJ Claas Brieler in seiner Berliner Wohnung

A

Alexandra Henry aus New York liebt Schallplatten aus Brasilien und hat dort auch schon gelebt

Abends höre ich oft ein wenig Musik. Dieser Satz ist ebenso wahr wie komplett irreführend, denn er trifft das, wovon hier die Rede sein soll, nicht einmal annähernd.

Erstens: Ich höre nie nur „ein wenig" Musik. Zweitens: Ich höre niemals nebenbei. Und schon gar nicht irgendwie.

Wenn ich Musik genieße, tue ich dies ausschließlich und sehr bewusst. Ich setze mich auf den Hörplatz in meinem Musikzimmer und schalte die Welt um mich herum aus. Ich gehe nicht mehr ans Telefon, und die einzige Form des Lesens, die ich mir dann erlaube, ist das leise Blättern im Begleitheft der Schallplatte.

> »Ich harre aus auf der letzten analogen Insel im Meer der akustischen Beliebigkeit«

Es ist möglich, dass Sie mich nach dem Lesen dieses Artikels für verrückt halten. Ich kann dem wenig entgegensetzen. Aber erstens vermag ich damit recht gut umzugehen (ich denke ganz ähnlich über mich). Und zweitens geht es ja um die Sache: Musikhören ist für mich, wie Sie schon ahnen, eine ernste Angelegenheit. Und deshalb behandle ich es auch so.

Seit 40 Jahren sammelt der Schotte Keb Darge Schallplatten, vor allem Soul, Funk und Rockabilly

Ich bin kein Musiker, ich kann keine Partituren lesen, und von Harmonielehre verstehe ich wenig. Und doch höre ich, wenn ich mich auf Musik einlasse, mit Leib und Seele.

Bevor ich so weit bin, sind natürlich ein paar Vorarbeiten erforderlich. Wer eine Fernreise macht (und die meiste Musik ist genau das), muss sich ja schließlich ein wenig mit dem Reiseziel auseinandersetzen: Er wird darauf achten, wogegen er sich impfen sollte und was in seinem Gepäck keinesfalls fehlen darf.

So ähnlich ist es mit der Musik.

Wer glaubt, nur mit kleinem Handgepäck zu ihrem Kern vorstoßen zu können, irrt meines Erachtens. Ich persönlich brauche sogar einen ziemlich großen Koffer. So muss sich meine Anlage für optimalen Genuss mindestens eine halbe Stunde vorher warm spielen. Sozusagen als Dehnübung.

Zur Verwunderung Außenstehender kann es also sein, dass sich der Plattenspielerteller bereits dreht und die Verstärkerröhren ahnungsvoll glühen, ohne dass sich jemand im Raum befindet. Aber wer, bitte schön, besucht einen Boxkampf wegen der Vorkämpfe? Spannend wird es doch erst, wenn es ums Ganze geht.

Eilon **Paz**

bewundert die Leidenschaft vieler Plattensammler – und hat deshalb weltweit bereits mehr als 130 fotografiert.

Ich gebe unvernünftig viel Geld dafür aus, eine Leidenschaft zu pflegen, die für viele Menschen irgendwo in den 1980er Jahren angesiedelt ist. Doch nicht für alle endete sie auch dort. Natürlich wüsste ich auch heute sofort, welche Komponenten meiner Anlage ich beim nächsten Lottogewinn austauschen würde. Obwohl ich schon ruhiger geworden bin. Ganz angekommen bin ich zwar noch nicht (für den wahren High-Fidelity-Freund ist stets der Weg das Ziel), aber doch langsam so weit, dass ich mich nicht mehr vorrangig mit Technik beschäftigen muss.

Eine Anlage ist meines Erachtens erst dann gut, wenn sie nicht mehr von der Musik ablenkt – sondern sie so reproduziert, dass ich wirklich alles höre, was die ursprüngliche Aufnahme bereithält.

Natürlich stelle ich meine „Analyse"-Ohren auf, wenn wir im kleinen Hi-Fi-Kreis bei unseren regelmäßigen Hörabenden Vergleichstests anstellen. Wenn wir beispielsweise Strom-

Kunstvoll gestaltete LP-Cover sind Sammelobjekte und werden oft aufwendig restauriert

Form, Material, Geruch: Viele Vinyl-Liebhaber schätzen die Sinnlichkeit ihrer Tonträger

Haben, was nicht jeder besitzt. Dieses Album von 1980 bietet auf zehn Songs nichts als: Stille

kabel auf hörbare Unterschiede testen, Tonabnehmersysteme oder exotische Vorverstärker.

Oder wenn wir – nicht übertrieben – zum 73. Mal Miles Davis zuhören bei „Sketches of Spain" und mit kleinem Freudenschauer feststellen, dass sich mit der selbst gebauten Netzsteckerleiste eines Hi-Fi-Freunds plötzlich der Tiefbass ganz anders aufbaut, sehr viel mehr Körper bekommt und die oberen Mitten auf einmal so scheinen, als seien sie von einem schweren Mantel befreit: „Hast du noch im Ohr, wie es vor drei Wochen geklungen hat?"

Ich unterscheide das analytische Hören vom Genusshören. Beides hat nur wenig miteinander zu tun: Beim Genusshören geht es nicht um Fehler in der Aufnahme, in der Verkabelung oder Aufstellung der Anlage, sondern ausschließlich um die Schönheit von Musik. Darum, von ihr berührt und ganz durchdrungen zu sein. Beim Genusshören verschwindet alles andere um einen herum. Man beamt sich sozusagen direkt ins Tonstudio oder in die Konzerthalle: eine Live-Illusion.

Daher sind meine Lieblingsmusiker aus den 1950er oder 1960er Jahren, der großen Zeit der Schallplatte, für mich plastische Wesen – mehr noch: gute Bekannte, die mein Wohnzimmer in eine Bühne verwandeln. Und die in diesem Moment nur für mich spielen.

Ich weiß, wo sie stehen, wie sie sich bewegen, höre ihren Atem, die Anblasgeräusche der Trompete, die Obertöne ihrer Geige. In der Magengegend spüre ich die Luftverschiebung, die durch das Anreißen der Bass-Saiten entsteht. Ich höre das Nachschmecken in der brüchigen Stimme Billie Holidays und den nahenden Tod Chet Bakers auf seiner letzten Liveaufnahme.

Wenn diese Künstler, die ich verehre, durch die Schallplatte zu neuem Leben erweckt werden, ist dies ein quasi intimes Erlebnis. Ich schließe die Augen, verliere die Geschäftigkeit eines oft hektischen Tages, koppele mich an Komponisten an, an ihre Musik, die die Zeit überdauert hat, auch wenn sie schon seit Jahrhunderten verstorben sind.

Wenn ich Johann Sebastian Bachs Sonaten und Partiten für Violine solo höre, weiß ich, dass er eben nicht nur ein frommer Kantor war, sondern auch ein Avantgardist (einige Stellen erinnern mich an Jimi Hendrix). Und dass Brahms auf den richtigen Aufnahmen (anders, als ihm manche nachsagen) durchaus nicht akademisch oder unemotional ist.

Ich behaupte nicht, dass ich Beethoven werde, wenn ich ihn höre (ich kenne Menschen, die dies tun!), aber ich glaube, dass ich in dem Moment etwas mehr von der Zeit verstehe, in der er seine Musik schrieb.

In diesem Zeit- und Empfindungstunnel tritt die normale Geschwindigkeit meines Lebens völlig zurück, weil das einzige Zeitmaß nun das Tempo der Musik auf der Schallpatte ist.

Es ist, glaube ich, völlig unmöglich, ein barockes Adagio zu hören und dabei an seine Umsatzsteuererklärung zu denken.

Oder etwas ist schiefgelaufen, und Sie haben das rasende Bedürfnis, irgendeinen unverständigen Menschen am Kragen zu packen und ihm aus einer Entfernung von etwa 15 Zentimetern ins Gesicht zu brüllen (was die Situation vielleicht nicht zwingend verbessert, insbesondere, wenn der andere viel stärker ist als Sie selbst). Mein Rat in diesem Fall: innehalten. Adagio hören und beobachten, wie sich die Wut allmählich abbaut.

Ein richtiges Wutgefühl liegt, musikalisch ausgedrückt, fast immer auf der Presto-Ebene. Entzieht man der Wut das Tempo, verliert sie ihre Basis. Das ist wie bei einer Meditation: Die Verwicklung mit sich selbst schwindet, sinnlose Gedankenketten lösen sich auf. Die Empfindungsebene

Manchem ist Vinyl schon zu modern: Joe Bussard besitzt Tausende Schellackplatten, viele rund 100 Jahre alt

Für Sammler erzählt fast jede LP auch aus dem eigenen Leben

wechselt: Ich komme weg von mir. Und bin in der Musik. Ein äußerst befreiendes Gefühl.

Äußere Störungen sind in einer solch konzentrierten Situation natürlich nur schwer zu ertragen. Wenn meine Frau auf knarrenden Dielen ausgerechnet in dem Moment durchs Zimmer geht, wenn ich dem 1965er Horowitz-Konzert in der New Yorker Carnegie Hall beiwohne (zumal in einer Pianissimo-Passage), verliere ich kein böses Wort, aber ich schaue mit stillem Vorwurf. Intensives Hören ist eine Herausforderung für jede Beziehung.

Natürlich hören meine Frau und ich gelegentlich auch gemeinsam Musik. Leider haben wir einen recht unterschiedlichen Geschmack. Sie hasst alles Sakrale (vielleicht liegt es daran, dass sie früher Klosterschülerin war), eher treffen wir uns bei Jazz, Blues oder Soul. Und sie hört völlig anders als ich. Körperlicher. Gefällt ihr etwas, bewegt sie sich rhythmisch, obwohl sie ja auf dem Sofa sitzt, meist in einer Ecke, weil sie anders als ich die Vorteile des gleichschenkligen Dreiecks für den Raumklang als völlig überflüssig erachtet.

Oft summt oder singt sie sogar mit. Dagegen ist die maximale Körperlichkeit, zu der ich mich hinreißen lasse, ein leichtes Wippen mit dem rechten Fuß. Keineswegs will ich Geräusche erzeugen, die in irgendeiner Weise ablenken könnten vom Kern der Musik.

Auch deshalb ist mir das „Nebenbei-Hören" ein Gräuel. Das gab es schon immer – aber daran, dass es heute so verbreitet ist, hat auch die Digitalisierung der Musik, so glaube ich, eine Mitschuld. Schon mit der CD (ein Abspielgerät dafür sucht man in meiner Wohnung vergebens) ist ein Stück Hörkultur verloren gegangen, erst recht aber mit den weiter reduzierten Formaten, die Musik mit einer immer geringeren Datenmenge wiedergeben wollen.

Ich harre aus auf der letzten analogen Insel im Meer der akustischen Beliebigkeit. Davon legen in meinem Regal, sortiert nach Genres und Interpreten, etwa 4500 Schallplatten Zeugnis ab. Und obwohl das etwas altmodisch klingen mag, ist es in Wirklichkeit absolute Avantgarde.

Denn wenn man sich konsequent dinosaurierhaft verhält, ist man irgendwann geradezu zwingend wieder modern – man muss nur lange genug warten können. So feiert die von vielen totgesagte Schallplatte schon seit einiger Zeit ihre Wiederauferstehung. In Deutschland etwa hat sich der Erlös aus dem Verkauf neuer Vinyl-Alben von 2006 bis 2016 fast verzwölffacht.

Die Schallplatte ist für mich das sinnlichste Medium, ein haptischer Genuss und natürlich auch Fetisch (ich kann daran riechen, mich am Cover erfreuen, das schwere Vinyl auf meinen Fingern balancieren). Aber sie klingt auch am besten – vorausgesetzt, sie ist in gepflegtem Zustand und knistert nicht zu sehr.

Die Wärme des Klangs, von der viele reden, ist dabei für mich nicht das Entscheidende, eher würde ich es als größere Natürlichkeit bezeichnen.

Sicherlich ist es in Ordnung, wenn Menschen sich aus MP3-Playern berieseln lassen: Auch ich tue das zuweilen, etwa wenn ich mich in der Bahn gegen allzu aufdringliche Gespräche der Mitreisenden wehren muss. Aus Karl Mays „Winnetou" habe ich gelernt, dass Indianer, um ein Präriefeuer zu löschen, Gegenfeuer entfachen. So ähnlich benutze ich MP3-Player: als Geräuschwand zur Übertönung anderer, noch schlimmerer Geräusche. Nur sollte man dies eben nicht mit Musikhören verwechseln.

Und damit sind wir in meinem Musikzimmer.

Es hat einzig die Funktion, in ihm bestmöglich zuhören zu können. Alle anderen Aspekte haben sich dem unterzuordnen. Anfangs führte dies zu gewissen Auseinandersetzungen mit meiner Frau, die versuchte, sich gegen die großflächigen Absorber zur Wehr zu setzen, die dem Raum den Charakter eines Tonstudios verleihen.

Auch stand sie zunächst skeptisch vor den kleinen Edelmetallschälchen, die nach bestimmten Regeln im Raum verteilt sind, um für mehr „Frische" im Obertonbereich zu sorgen. Gar nicht zu reden von den kleinen Holzwürfeln, die ich, aus akustischen Gründen, auf alle Glasfronten kleben musste – leider eben auch in das reich ornamentierte Jugendstilglas der Flügeltür.

Allerdings rechne ich es meiner Frau hoch an, dass sie (anders als andere Frauen, von denen ich weiß) nie versucht hat, Blumentöpfe oder geschnitzte Elefantengruppen auf meine Lautsprecher zu stellen. Ein Bekannter hat Boxen im Gegenwert eines Sportwagens. Seine Frau fand sie nicht schön. Seither stehen sie hinter einer Gardine – wo sie ihr Klangpotenzial natürlich nicht voll zur Entfaltung bringen.

Jede Beziehung lebt vom Kompromiss, allerdings gibt es einige Bereiche, die man meines Erachtens strikt davon ausnehmen muss. Mein Musikzimmer zum Beispiel ist das dunkelste in unserer Wohnung, was mir sehr recht ist, denn große Fensterflächen erzeugen unerwünschte „Härte" im Klang. Und die Augen schließe ich beim Hören ja ohnehin.

Im Raum stehen ein Sofa (aus akustischen Gründen nicht aus Leder, wegen der befürchteten unschönen Reflexionen), zwei Plattenregale sowie ein Rack mit der Musikanlage, vor allem der 90 Kilogramm schwere Plattenspieler mit magnetgelagertem Tonarm.

»Obwohl ich nur sitze und höre, fühle ich mich selten lebendiger als in diesem Moment«

Es ist ein verbreiteter Irrglaube, Leute wie ich hörten Schallplatten deshalb, weil sie so schön nostalgisch knistern. Das Gegenteil ist der Fall: Ich tue alles, um genau dies zu verhindern. So kaufe ich auf dem Flohmarkt oder auf Plattenbörsen ausschließlich solche Schallplatten, die möglichst nahe am gewünschten „Mint"-Zustand liegen, der höchstmöglichen Qualitätsstufe für eine gebrauchte LP. Und wenn irgend möglich, erwerbe ich natürlich die Originalpressung, denn nur sie verspricht den noch nicht durch Kopien der Urmatrize verfälschten Bestklang.

Jede einzelne Schallplatte muss vor dem Hören ein Ritual durchlaufen. Anders als bei meinem Freund Heiner ist es zwar nicht mein Ehrgeiz, eine Plattenhülle aus den 1950er Jahren mit Feuerzeugbenzin, Radiergummis – und bei Bedarf auch Schere und Klebstoff – so zu bearbeiten, als käme sie geradewegs frisch aus dem Laden (im Schnitt braucht er drei bis vier Stunden pro Hülle).

Doch jede Scheibe, selbst eine völlig neue, muss zunächst gewaschen werden, um Staub und Pressmittel aus den Rillen zu holen.

Ich trage die Reinigungsflüssigkeit über eine Bürste auf die rotierende Platte auf, bis sie vollständig benetzt ist. Dann schalte ich eine Art Staubsaugerdüse ein, die das ganze Zeug – zunächst rechts-, dann linksdrehend – aus den Rillen saugt.

Ich habe es mir zur Angewohnheit gemacht, möglichst jeden Abend fünf bis zehn Schallplatten zu reinigen. Aller Tagesdruck weicht dabei aus mir. Das Aufgehen im Waschen beruhigt mich ungemein und versetzt mich in eine äußerst gelöste Stimmung. Außerdem steigert es die Vorfreude auf das eigentliche Erlebnis.

Der Glücksforscher Mihály Csíkszentmihályi gilt als Schöpfer der Flow-Theorie, die, sehr vereinfacht, besagt, dass alles, was im Zustand völliger Vertiefung geschieht, als beglückend erlebt wird. In diesem Tätigkeitsrausch befinde ich mich, während ich meine Platten wasche.

Möglich, dass dies keine gesellschaftlich anerkannte Tätigkeit ist. Aber mir tut es gut. Vom Tagesgeschehen entrückt, gehe ich darin völlig auf.

Der optimale Zeitpunkt, um Musik zu hören, ist der Abend: weil es dann weniger Hochfrequenz-Störstrahlungen über elektromagnetische Felder gibt. Aber auch, weil die Spannungsschwankungen im Stromnetz abends geringer sind als tagsüber, wenn Waschmaschinen, Wäschetrockner und ähnliche Geräte zu Störungen führen. Man kann sich dessen zwar mit Netzfiltern erwehren, die für gleichbleibende Spannungsqualität sorgen, doch geschieht dies in den meisten Fällen leider auf Kosten der musikalischen Dynamik.

Kein Chef und auch nicht meine Mutter kann mich zu dieser Zeit mehr erreichen. Alles, was getan werden musste, ist getan oder muss warten. Den Klarspüler in der Spülmaschine nachfüllen? Die Wäsche aufhängen? Noch schnell einen Artikel überarbeiten? Einen Dreck muss ich. Es gibt jetzt keine Probleme mehr und auch keine Verpflichtungen, rein gar nichts, was sich in diesem Moment noch zwischen mich und die Musik drängen könnte.

Wie in ein duftendes Schaumbad tauche ich in sie ein. Eine Kombination aus tiefer Meditation und leidenschaftlicher Anteilnahme.

Arthur Schopenhauer betrachtete Glück als die Abwesenheit von Langeweile. So gesehen bin ich ein durch und durch glücklicher Mensch. Obwohl ich eigentlich ja nur sitze, fühle ich mich selten lebendiger als in diesem Moment.

Ich habe mir einen schönen Rotwein eingegossen, die Nadel vorsichtig zur Einlaufrille geführt und sitze nun aufrecht in der Mitte des Sofas. Dann schließe ich die Augen und bin nicht mehr ansprechbar.

Die Etude for piano No. 2 von Philip Glass ist ein spannungsvolles Gewebe aus zarten Arpeggien, schweren Akkorden und minimalistisch perlenden Melodietönen. Der Flügel steht jetzt mitten in meinem Wohnzimmer, es riecht nach Klavierlack. Ich befinde mich in einem Konzert, für das ich meine Wohnung keinen Schritt verlassen habe.

Als Mr. Glass aus den Tönen seiner Komposition im Raum aufscheint, biete ich ihm einen Drink an. ◂

LESETIPPS

Daniel J. Levitin
Der Musik-Instinkt. Die Wissenschaft einer menschlichen Leidenschaft
Umfassend führt der Psychologe, Neurowissenschaftler und Musiker in die Erkenntnisse der Forschung ein.
452 Seiten, 14,99 Euro

Oliver Sacks
Der einarmige Pianist. Über Musik und das Gehirn
Im Original wählte der große Neurologe für seine Sammlung von Musik-Erlebnissen den passenden Titel „Musicophilia".
448 Seiten, 9,99 Euro

Daniel Barenboim
Klang ist Leben. Die Macht der Musik
Eindrucksvoll und persönlich schildert der berühmte Pianist und Dirigent, warum Töne uns tief berühren.
192 Seiten, 12,99 Euro.

wenn der *geist* *auf reisen* geht

Text:
Marion **Hombach** und
Bertram **Weiß**

Fotos:
Brodbeck & de Barbuat

Wer häufig in Gedanken abschweift und zu Tagträumen neigt, gilt vielen als leistungsschwach und ineffizient. Doch seit Kurzem erkennen Forscher: Derart zerstreute Menschen finden für Probleme oft ausgesprochen originelle Lösungen. Denn sie schöpfen aus Quellen, die dem bewussten Denken meist verschlossen bleiben

IN SICH SELBST VERSINKEN

Wer ziellos Fantasien nachhängt, ändert seinen Blick auf die Welt: Stets aus der Vogelperspektive zeigt das Pariser Künstlerduo Brodbeck & de Barbuat in seinem Fotoprojekt »Scenes of Life« solche Situationen des Alltags

DER GEIST SUCHT EIGENE WEGE

Unser Denken verselbstständigt sich häufig dann, wenn das Gehirn zu viel oder zu wenig gefordert ist – und Entlastung oder Beschäftigung benötigt

Marion **Hombach**

Die Berliner Autorin hat sich, während sie diesen Text schrieb, häufig beim Abschweifen ertappt.

W

Wer stets konzentriert ist, kann sich gesellschaftlicher Achtung sicher sein. Denn Konzentrierte gelten als Erfolgsmenschen, als Vorbilder, als Hochleister. Wer die Gedanken dagegen zuweilen schweifen lässt und sich in Tagträumen verliert, steht schnell im Verdacht, unergiebig zu sein, ein Leistungsverweigerer, ein unzuverlässiger Kollege. Er muss damit rechnen, als jemand angesehen zu werden, der mit dem Tempo der Gegenwart nicht mitkommt, seine Zeit vergeudet, statt sie sinnvoll zu nutzen.

Dabei gehört das Tagträumen, dieser oft so geschmähte Geisteszustand, zum Alltag jedes Menschen. Waren die Gedanken eben noch auf eine Aufgabe fokussiert, schweifen sie plötzlich ab zu einem anderen Thema, zum Abend zuvor etwa, dem Essen von letzter Woche, zum Sehnsuchtsort im nächsten Urlaub. Knapp die Hälfte ihrer täglichen Wachzeit, so haben Forscher in einem Experiment festgestellt, verbringen Menschen in einem Zustand ohne fokussierte Konzentration.

Ob im Bus oder unter der Dusche, in der Schule, bei der Arbeit, beim Kochen oder auch mitten im Gespräch: Die Gedanken, gerade noch auf eine Sache konzentriert, schweifen ab – manchmal so weit, als würden sie in eine Traumwelt führen, die sich mitten im Alltag auftut.

Task-unrelated thought nennen einige Wissenschaftler dies höflich: „aufgabenunabhängiges Denken".

Es sind Alltagsfluchten, ohne Ziel, scheinbar vertane Zeit.

Lange wurden sie von Fachleuten missachtet, galten auch ihnen als weniger wertvoll im Vergleich zum konzentrierten, zielgerichteten Denken.

Erst vor einigen Jahren haben Forscher damit begonnen, sich der Zerstreutheit zu widmen – und sammeln seither immer mehr Belege dafür, dass die kleinen Fluchten aus der Realität weitaus besser sind als ihr Ruf. Zu Tagträumen kommt es zumeist dann, wenn unser Gehirn entweder über- oder unterfordert wird.

Bei der Überforderung suchen sich die Gedanken gewissermaßen ein Ventil, um dem Leistungsdruck zumindest für einen Moment zu entkommen; sie wenden sich aus Übermüdung ab, um für notwendige Entspannung zu sorgen und dem Gehirn eine Pause vom intensiven Nachdenken zu verschaffen.

Wird das Denkorgan dagegen unterfordert, schweifen die Gedanken mit den nicht ausgelasteten Ressourcen ab auf andere Themen.

In beiden Fällen kann der anarchische, sich nicht an die Regeln haltende Geist für überaus schöpferische Inspiration sorgen. Denn kreative Ideen, so fasste es der Technikpionier Steve Jobs einmal zusammen, bestünden vor allem darin, Verbindungen zu entdecken, die andere nicht gesehen haben.

Und da die Gedanken beim Abschweifen mal hierhin, mal dorthin treiben, sich mal mit Vergangenem, mit Künftigem, mit Wünschen oder Hoffnungen befassen, geben sie dem Gehirn genau jene Freiheit, die es mitunter braucht, um ungeahnte neue Geistesblitze hervorzubringen: Das Bewusstsein assoziiert, lässt Raum für Fantasie, für neue Ideen.

Die scheinbar vertane Zeit führt mitunter zu genialen Denkansätzen.

Viele Künstler, Erfinder, Denker und Forscher berichteten von solchen Erlebnissen. So fand im 19. Jahrhundert der Mathematiker Henri Poincaré aus einem Rechenproblem trotz intensiven Nachdenkens keinen Ausweg. Also beschloss er, etwas völlig anderes zu tun, und nahm an einer geologischen Exkursion teil. Während der Reise kam ihm plötzlich eine Eingebung – und er entdeckte die richtige Lösung.

Auch der deutsche Forscher Friedrich August Kekulé berichtete von einem solchen Geistesblitz: Bei einer Kutschfahrt in London sah er im halb wachen Zustand vor dem inneren Auge, wie Kugeln einander umfassten, sich zu Pärchen fügten und Ketten bildeten. Dieses Bild ließ ihn erkennen, wie sich Atome zu Molekülen verbinden.

Ähnlich erging es dem Biochemiker Kary Mullis: Der kurvte mit dem Auto durch die hügelige Landschaft von Nordkalifornien – und erkannte mit einem Mal, wie sich das menschliche Erbgut im Reagenzglas schnell und einfach vermehren ließe. Im Labor war er trotz intensiven Nachdenkens nicht auf die Lösung gekommen.

Tagträume *schaffen Raum für* **Kreativität**, *ermöglichen* **Geistesblitze** *und neue Ideen*

D

Die beiden Hirnforscher Jonathan Smallwood und Jonathan Schooler halten *mind wandering* für einen Mechanismus des Gehirns, mit dessen Hilfe sich Probleme lösen lassen, zwar nicht gezielt, aber doch absichtlich.

Die zwei Pioniere im Reich der Tagträumerei legten in ihrer Studie „Der rastlose Geist“ dar: Wenn sich die Aufmerksamkeit statt auf die gestellte Aufgabe auf andere, uns gerade interessanter oder dringlicher erscheinende Gedanken richtet, bearbeitet das Gehirn zugleich bislang noch ungeklärte Fragen des ursprünglichen Problems.

Indem Ideen so aus immer neuen Blickwinkeln betrachtet werden, entsteht Kreativität. Zu einem vermeintlich aus dem Nichts auftauchenden Aha-Erlebnis komme es eben manchmal gerade deshalb, weil die wandern-

WENN DIE GEDANKEN TREIBEN

Im Leerlauf am Tage leistet unser Gehirn vermutlich Ähnliches wie im Schlaf: Es verknüpft Informationen, ordnet, sortiert und vernetzt sie

den Gedanken eher zufällig, kaum bewusst um ein Problem kreisten.

Denn worin auch immer eine Herausforderung besteht: Um eine gute, originelle Lösung zu finden, kommt es nach einer Phase des Grübelns maßgeblich darauf an, Abstand von der jeweiligen Aufgabe zu gewinnen, sich vom konkret Wahrnehmbaren zu entfernen.

Erst wenn das Gehirn während des Tagträumens in die Lage kommt, frei zu assoziieren (und nicht mehr vordergründig mit dem eigentlichen Problem beschäftigt ist), vermag es Antworten zu finden, die dem bewussten Nachdenken verborgen bleiben.

Der Effekt dieser Phase lässt sich auch in recht einfachen Versuchsanordnungen nachweisen. So sollten in einer Studie zwei Gruppen von Probanden originelle Antworten auf kreative Fragestellungen finden. Eine wertete ihre Ideen sofort aus, die andere durfte sich nach der Auseinandersetzung mit den Fragen erst einmal ablenken – und machte sich danach an die Aufbereitung. Das Ergebnis: Der Einfallsreichtum der zweiten Probandengruppe war deutlich höher.

Nicht zufällig also sind sehr schöpferische Menschen besonders talentiert darin, zwischen äußeren Reizen und inneren Fantasiewelten hin und her zu wechseln. Und was für Außenstehende zuweilen wie Zerstreutheit wirken mag, ist womöglich ein Ausweis von außerordentlich großer Geisteskapazität.

Häufiges **Abschweifen** *kann ein* **Hinweis** *auf außergewöhnliche* **Intelligenz** *sein*

So wies der US-Hirnforscher Eric Schumacher nach, dass manche Menschen, die dazu neigen, häufig gedanklich abzuschweifen, in Intelligenztests besonders gut abschneiden. Sie beschäftigen sich mal mit dieser oder jener Frage, dann wieder mit einer dritten – und vor allem dann, wenn sie gerade nicht besonders gefordert sind.

Doch sie verlieren sich dabei nicht etwa im Meer wahlloser Gedanken, irren nicht nur ziellos umher. Vielmehr arbeitet ihr Gehirn einfach besonders effizient, richtet sich immer wieder auf etwas anderes – und kann trotzdem rasch wieder zum ursprünglichen Thema zurückkehren, etwa in einer langwierigen Diskussion.

Ohnehin gehen Wissenschaftler schon länger davon aus, dass es ein „Multitasking“, also die gleichzeitige Erledigung mehrerer Aufgaben, nicht gibt: Konzentration ist immer nur auf ein Objekt möglich. Wenn wir uns vermeintlich also mit verschiedenen Themen parallel befassen, schalten wir in Wirklichkeit immer wieder zwischen ihnen hin und her.

Diese Hirnaktivität, so die Annahme der Forscher, kostet sehr viel Energie – wer es sich also leisten kann, seine Aufmerksamkeit im raschen Wechsel auf viele Themen zu verteilen, der verfügt demnach wohl über besonders große Ressourcen.

Tatsächlich ist die Tagträumerei nur scheinbar eine Auszeit, eine Phase der Entspannung. In Wirklichkeit ist der Geist weiterhin hochaktiv – nur eben anders, als wir es aus den Momenten der dauerhaft fokussierten Aufmerksamkeit kennen.

Das entdeckte der Neurowissenschaftler Marcus Raichle aus St. Louis, als er mithilfe von Hirnscannern die Denkorgane von Probanden beobachtete, die von einer Konzentrationsübung zum Nichtstun übergingen. So-

VORANKOMMEN DURCH LOSLASSEN

Wer seinen Geist nicht dauerhaft auf ein Problem fokussiert, findet in Auszeiten oft unerwartet auf unbewusstem Weg eine Lösung

bald ihre Aufmerksamkeit nachließ, zeigte sich ein kurioser Effekt: In einigen Hirnregionen nahm die Aktivität nicht etwa ab – sondern zu.

Raichle nannte diesen Verbund mehrerer Areale *Default Mode Network*, also „Ruhemodus-Netzwerk“.

Weitere Studien haben bestätigt, dass es immer dann anspringt, wenn das bewusste und gezielte Denken erlahmt; wenn wir uns passiv verhalten und nur wenige Reize unsere Aufmerksamkeit erregen. Kurz: Wenn wir mit offenen Augen vor uns hinträumen.

Noch rätseln Forscher, was genau während des Leerlaufs im Gehirn geschieht. Vermutlich macht unser Denkorgan in diesen Augenblicken, was es auch im Schlaf tut: Es verknüpft Informationen im Unbewussten mit Erinnerungen und Emotionen, es sortiert, ordnet, vernetzt. Und ebnet so auf ungemein komplexe Weise den Weg für ungewöhnliche Einfälle.

A

Außerdem leisten die Neuronenverbände im Ruhemodus wohl ähnlich wie im Schlaf einen entscheidenden Beitrag dazu, Erinnerungen zu festigen – und damit unsere Identität.

Denn so können wir uns immer wieder vergegenwärtigen, was wir erlebt und erfahren haben, also woraus unsere Biografie besteht: Weshalb habe ich mich in der Arbeitsbesprechung so ungeschickt angestellt? Wieso ist mir neulich das Abendessen derart gut gelungen? Warum habe ich heute Morgen so erbost auf meinen Partner reagiert?

Obwohl derartige biografische Assoziationen, die sich immer wieder am Tag in unser Bewusstsein drängen, zuweilen belanglos wirken, so vervollständigen sie doch beständig jenes Bild, das wir von uns selber haben – und sind somit weitaus wertvoller für unsere Psyche, als wir gemeinhin denken.

Und anders als in Nachtträumen, in denen die Gedanken hin und her springen, ohne dass sie bewusst von uns gesteuert werden, können wir in Tagträumen unsere wachen Gedankenwanderungen sogar ein Stück weit beeinflussen: Denn sie werden häufig begleitet von einer Art Kommentar im Kopf, einem Selbstgespräch, einer inneren Stimme, die uns auf Dinge aufmerksam macht, uns lobt oder kritisiert, aufmuntert oder demotiviert.

Diese innere Stimme ist also völlig normal und in der Regel keineswegs ein Hinweis auf eine psychische Erkrankung. Rund ein Viertel unserer wachen Zeit führen wir solche lautlosen Debatten oder Monologe, so schätzen Forscher. Und bei nicht wenigen Menschen erklingt die innere Stimme so klar, so geordnet, als stünde eine andere Person mit im Raum.

Noch fällt es Experten zwar schwer, die stillen Unterhaltungen in uns zu untersuchen. Denn kaum sind sie zu fassen, zu beobachten, zu belauschen. Doch manche Forscher sehen in ihnen einen Weg, in Tagträumereien gezielt unsere Kreativität zu wecken. Wenn wir lernen, sie zu beobachten und zu lenken.

So konnten Wissenschaftler in einem Experiment beobachten: Je besser es Probanden gelang, ihren inneren Konversationen zu lauschen, desto sprachlich versierter und anspruchsvoller war ihr Schreibstil.

Bei all diesen Vorzügen erscheint es fast paradox, dass Tagträumerei in der heutigen Gesellschaft einen derart schlechten Ruf hat. Wer nichts Besseres zu tun hat, als verträumt seinen Gedanken nachzuhängen, gilt rasch als konfus, faul, unergiebig.

Noch unterschätzen die meisten von uns, wie produktiv das Gehirn auch dann noch ist, wenn es sich eine Auszeit von der Wirklichkeit nimmt. Doch immer mehr Fachleute sind überzeugt: Bewusstes, absichtsvolles Denken stört oft die unbewussten Quellen, aus denen wir schöpfen könnten.

Wenn wir wirklich produktiv sein wollen, sollten wir uns also, so kontraintuitiv es zunächst auch klingen mag, immer mal wieder absichtlich von der konzentrierten Arbeit lösen – und uns den schweifenden Gedanken hingeben. ◂

GUT ZU WISSEN

Tagträumer

Etwa die Hälfte unserer Wachzeit verbringen wir in einem Zustand ohne fokussierte Konzentration.

Rastloser Geist

In dieser Zeit bleibt das Gehirn jedoch hochaktiv: Ähnlich wie im Schlaf schafft es neue Verbindungen zwischen vergangenen Eindrücken und Emotionen.

Stumme Gespräche

Fast alle Menschen denken mit einer inneren Stimme oder führen lautlose Dialoge.

LESETIPPS

Daniel Kahneman

Schnelles Denken, langsames Denken

Umfangreiche, aber ungemein faszinierende Reise durch Möglichkeiten des menschlichen Geistes.

652 Seiten, 12,00 Euro

Charles Fernyhough

Selbstgespräche. Von der Wissenschaft und Geschichte unserer inneren Stimme

Der Autor leitet ein Forschungsprojekt zu lautlosen Monologen – und erklärt, warum sie für jeden von uns so wichtig sind.

400 Seiten, 22,00 Euro

Michael C. Corballis

The Wandering Mind: What the Brain Does When You're Not Looking

Gut lesbare Einführung (auf Englisch) in die Aktivitäten des Gehirns jenseits des bewussten Denkens.

173 Seiten, 12,99 Euro

Obwohl wir unser Leben heutzutage weitgehend frei gestalten können, sind viele Menschen unzufrieden. Der Philosoph **Wilhelm Schmid** erklärt, weshalb man hin und wieder über die eigene Biografie nachdenken sollte, wieso das unbedingte Streben nach Glück ein großes Missverständnis ist – und worauf ein erfülltes Dasein baut

was dem leben **sinn** gibt

INTERVIEW:

Bertram **Weiß** und Sebastian **Witte**

•

FOTOS:

Peter **Rigaud**

Philosophische Tradition

In Texten aus der Antike findet Schmid Inspiration für seine »Lebenskunst«. Doch eine bewusste Lebensführung erfordere auch Phasen der Selbstreflexion – und könne daher mühsam sein

GEO WISSEN: ***Herr Professor Schmid, Sie beschäftigen sich mit der „Lebenskunst". Was genau ist das?***

PROF. DR. WILHELM SCHMID: Lebenskunst bedeutet, sein Leben bewusst zu führen. Wer also nicht nur von einem Tag zum nächsten hastet, sondern ab und zu einen Schritt zurücktritt und sich Gedanken darum macht, wie er lebt, und versucht, sich immer wieder neu zu orientieren, der betreibt Lebenskunst.

Das tun doch alle irgendwie.

Meinen Sie? Sicherlich machen wir uns alle permanent Gedanken. Aber viel zu selten setzen wir uns hin, um ein wenig Abstand zu gewinnen und bewusst nachzudenken. Viele Menschen lassen sich lieber durch ihr Dasein treiben, betrachten sich selbst als Spielball äußerer Kräfte, eilen von Erfahrung zu Erfahrung – statt die auch mal zu reflektieren.

Und wie gelingt das Nachdenken?

Man kann beispielsweise an die Gedanken anknüpfen, die sich Menschen früher bereits gemacht haben – also etwa die Schriften antiker Philosophen zurate ziehen. Bei Sokrates habe ich gelernt, dass man nie aufhören sollte, Fragen zu stellen, und dass es nicht darauf ankommt, definitive Antworten zu geben, sondern den Weg dorthin zu beschreiten. Aristoteles brachte mir bei, wie wichtig es ist, sich selbst ein Freund zu sein, und dass dies eine gute Basis für die Beziehungen zu anderen ist. Und von Epikur habe ich erfahren, wie bedeutsam es ist, zu akzeptieren, dass nicht das ganze Leben aus Vergnügen besteht, und trotzdem Freude zu haben.

Aber nicht jeder mag die Gedanken antiker Philosophen lesen.

Texte können Anregungen geben. Aber wichtiger als alle Lektüre ist es, selber über das Leben zu reflektieren. Etwa indem man Tagebuch schreibt oder sich von Zeit zu Zeit hinsetzt, um die letzten Tage, Monate, Jahre in Gedanken noch einmal zu durchleben. Ganz gleichgültig, wie Sie es anstellen – wichtig ist, zwischen dem Alltag und Phasen der Reflexion zu unterscheiden. Denn wir können schlecht beides gleichzeitig: leben und über das Leben nachdenken.

Prof. Dr. Wilhelm **Schmid**

ist Philosoph in Berlin und hat zuletzt das Buch »Selbstfreundschaft – Wie das Leben leichter wird« veröffentlicht

Und wieso ist das eine Kunst?

Weil dieser Prozess Kreativität und Neugier erfordert. Das Nachdenken kann mühselig sein, die bewusste Gestaltung des Lebens ist schwierig, der Übergang vom „So ist es halt" zum „So soll es sein" kostet Kraft. Mag sein, dass es manchen leichterfällt, sich Gedanken über das eigene Leben zu machen. Sie haben von Natur aus wohl ein Talent dafür. Aber wichtiger ist: sich dafür zu entscheiden.

Sie haben lange als Begleiter kranker Menschen gearbeitet. Was hat Sie diese Erfahrung gelehrt?

Vor allem eines: Menschen wollen ihr Leben erzählen und leiden darunter, wenn ihnen niemand zuhört. Das ist auch das Verhängnis vieler Menschen mitten im Leben. Denn vor allem durch das Erzählen werde ich mir klar darüber, wie mein Leben aussieht, welche Zusammenhänge es gibt.

Oft nehmen wir unser Dasein als Ansammlung von Fragmenten wahr und verzweifeln daran – hier eine zerbrochene Beziehung, dort ein schmerzlicher Verlust. Wenn wir anderen davon erzählen, geschieht zuweilen Wundersames: Auf einmal offenbaren sich Verbindungen, zeigen sich sinnvolle Verknüpfungen. Zur Lebenskunst gehört also, anderen zuzuhören – und von sich selbst zu erzählen.

Fällt das Gespräch über das eigene Leben mit den Jahren leichter?

Nein. Denn beim Älterwerden wächst das Bedürfnis nach Erzählen – und gleichzeitig schwindet die Bereitschaft zuzuhören. Das ist ein so krasses Missverhältnis, dass dies in persönlichen Beziehungen, aber auch gesellschaftlich für Probleme sorgt. Die Menschen interessieren sich zu wenig füreinander.

Am Willen zum Nachdenken über sich aber scheint es nicht zu mangeln – der Markt für Ratgeber, Coachings und Lebenshilfe boomt.

Die Ratlosigkeit der Menschen nimmt immer weiter zu – zum einen in Bezug auf vermeintlich kleine Fragen: Was kann ich noch essen? Aber auch, wenn sich große Fragen stellen: Wie sollen wir mit unserer Erde umgehen?

Über Jahrtausende gab uns die Religion die Antworten; Tradition und Konvention setzten uns Zwängen aus, machten Vorgaben, gaben Notwendigkeiten vor. Doch heute müssen viele Menschen die Antworten selbst suchen. Und was sie finden, kann niemals definitiv sein, immer nur temporär und unvollständig. Kurz: Moderne bedeutet zwar Befreiung – doch es ist leichter, sich zu befreien, als zu bestimmen, was dann folgen soll.

Statt sich an die Bewältigung der Freiheit zu machen, stürzen viele in Ratlosigkeit und Unzufriedenheit. Das ist die Paradoxie der Gegenwart. Daraus erwächst die enorme Sehnsucht.

Nach persönlichem Glück?

Ja, aber das halte ich für ein gewaltiges Missverständnis. Das Leben ist eben nun mal nicht immer gut, es ist polar organisiert. Es macht einen unglücklich, andauernd zu versuchen, das Wohlgefühl zu maximieren. Denn daran werden wir immer scheitern.

Wir bewegen uns zwischen Gegensätzen: Erfolg und Misserfolg, Lust und Schmerz, Beschleunigung und Entschleunigung, Beharrung und Veränderung, Zufriedenheit und Unzufriedenheit. Es gibt kein Leben, das nur auf der einen Seite angesiedelt ist. Zweck einer Lebenskunst kann nur sein, dafür zu sorgen, dass wir auch mit den negativ empfundenen Seiten gut zurechtkommen. Wer aber um jeden Preis glücklich sein will, wird immer unglücklich sein.

Aber die Sehnsucht nach einem guten Leben steckt tief in uns.

Ja, zumindest in den monotheistisch geprägten Kulturen. Über Jahrhunderte haben Christen, Muslime und Juden gelernt, dass es ein Paradies gibt, eine schöne Welt, nach der wir streben können. Klugerweise war sie im irdischen Leben unerreichbar. Die Moderne aber hat sie ins Diesseits projiziert. Fortan hieß es: Wir schaffen das Paradies auf Erden! Wenn du alles richtig machst, dann kannst du glücklich werden! Alle Wissenschaft, aller Fortschritt und alle politischen Visionen haben diese Zielrichtung.

Wonach lohnt es sich denn zu streben, wenn nicht nach Glück?

Nach Sinn!

Und wie finden wir den?

Menschen erleben Sinn, wenn sie sich miteinander verbunden fühlen. Wenn sie einen Zusammenhang spüren. Sie sagen „Das ergibt Sinn", wenn sich zusammenfügt, was zuvor getrennt war. Oder, etwas pathetischer: wenn sie Liebe spüren. Und am häufigsten geschieht das in der Beziehung zu anderen Menschen. Wo wir Verbundenheit spüren, sind wir gleichsam im Besitz des Sinns, machen uns kaum Gedanken um ihn. Wo Beziehungen aber zerstört werden, brechen auch Fragen nach dem Sinn auf: Was soll diese Arbeit noch? Was für einen Wert hat diese Partnerschaft? Welche Bedeutung hat mein Leben?

Sinn können wir auch jenseits menschlicher Beziehungen erleben – etwa wenn wir uns mit Tieren verbunden fühlen, mit der Natur, mit Kunstwerken oder mit einem Ziel.

Doch im Grunde beginnt Sinn immer mit Sinnlichkeit.

Was meinen Sie damit?

Hören, Sehen, Schmecken, Tasten, Riechen: All das schafft die Verbindung zwischen uns und der Umge-

»Muße gelingt kaum einem Menschen sofort. Wir müssen üben und daran arbeiten«

Gefährliche Freiheit

Über Jahrtausende strukturierten Konventionen und Traditionen das Leben, sagt Schmid. Heute müssen wir über fast alle Fragen selbst entscheiden – und stürzen oft in Ratlosigkeit

Erfülltes Dasein

Sinn ist größer als Glück oder Unglück, so der Philosoph: Er vereint beide Pole in sich. Wer Sinn in seinem Leben findet, kann somit auch manchen Rückschlag besser verkraften

bung. Innere und äußere Welt treten über unsere fünf Sinne zueinander in Beziehung. Daher spüren wir Sinn, wenn die intensiv angesprochen werden: Wenn Sie ein gutes Essen genossen haben oder guten Sex hatten, haben Sie vermutlich noch nie nach dem Sinn gefragt. Wenn Sie ein sinnliches Leben führen, dann sind Sie sinnerfüllt, zumindest für den Moment.

Aber tun wir das nicht schon? Wir umgeben uns mit vielen Dingen, konsumieren mehr und mehr.

Sie verwechseln Sinnlichkeit mit materiellem Besitz. Viele Menschen mögen immer mehr Geld und schönen Dingen nachjagen, vernachlässigen dabei aber ihre Sinne. Dabei sind es oft die einfachen Dinge, die intensive Erfahrungen bescheren: Wenn Sie ein paar Kilometer zu Fuß gehen oder einen Espresso zubereiten und genießen, erleben Sie die Welt intensiv – nicht, wenn Sie sehen, dass die Zahl auf Ihrem Kontoauszug höher wird.

Aber ist Arbeit nicht für ein sinnerfülltes Leben notwendig?

Wenn Sie unter Arbeit den Tausch von Leistung gegen Geld verstehen, dann eindeutig: nein. Aber Arbeit ist nicht nur Erwerbsarbeit, sondern auch die Arbeit an Beziehungen und somit an Sinn. Wir können nicht nur für Geld arbeiten, sondern auf mindestens fünf verschiedene weitere Arten: an der Beziehung zu uns selbst, an Freundschaften, an der Familie, an der Gesellschaft, an der Muße.

Wie arbeite ich an meiner Muße?

Muße, Entspannung, Nichtstun: All das gelingt kaum einem Menschen sofort. Denn es widerspricht ja allem, was wir von Kindesbeinen an lernen. Wir müssen üben, daran arbeiten. Zunächst Pausen im Alltag schaffen, dann vielleicht einen ganzen Tag mit uns selbst verbringen – und erst wenn wir schon gut geübt sind, uns einmal an eine lange Auszeit wagen.

Dennoch: Wie wichtig ist es, Sinn in seinem Job zu finden?

Grundsätzlich kommt es natürlich darauf an, in einer Erwerbsarbeit Sinn zu spüren. Vor allem, weil uns das über jene Zeiten hinweghilft, in denen wir die Arbeit nicht mögen, in denen sie anstrengend ist, langweilig oder schwierig. Sinn ist größer als Glück oder Unglücklichsein – er vereint beide Pole in sich. Wenn wir Sinn finden, können wir auch manchen Rückschlag oder Schmerz überstehen.

Ein Mensch kann also unglücklich sein und das ertragen – wenn er darin einen Sinn erkennt?

Genau. Und aus dieser Perspektive lässt sich auch noch einmal besser verstehen, weshalb wir heute so sehr auf der Suche nach Sinn sind und uns oft ratlos fühlen. Es ist das Prinzip der Moderne, Zusammenhänge aufzulösen – und damit Sinn zunächst einmal zu zerstören. Beziehungen in Familien wurden zusehends zerschlagen, religiöse Zusammenhänge infrage gestellt, gesellschaftliche Ordnungen umgestürzt. Das ist nicht unbedingt zu bedauern, denn es bringt neue Freiheiten. Aber es ist auch der Grund dafür, dass die Frage nach dem Sinn so vehement aufbricht – und sich wie ein Virus immer weiter verbreitet.

»Ich versuche ein pessimistischer Optimist zu sein«

Fällt es gläubigen Menschen leichter, Sinn zu finden?

Ja. Ob sie es nun „Gott“ nennen oder nicht: Eine Beziehung zu etwas Höherem stiftet Sinn. Nicht permanent. Aber Gläubige fühlen sich doch getragen, wenn das Leben einmal nicht lebenswert erscheint. Hoffnung, Vertrauen, Zuversicht: Das sind die großen Vorzüge eines religiösen Lebens.

Ist Zuversicht eine Grundbedingung für ein sinnerfülltes Leben?

Ja. Allerdings verstehe ich Zuversicht anders, als sie vielerorts propagiert wird. Nicht als absolute, immerzu und überall hilfreiche Tugend, sondern als Mischform. Ich versuche ein pessimistischer Optimist zu sein.

Können Sie das erklären?

Ein pessimistischer Optimist schaut zuversichtlich in die Zukunft, ist aber nicht allzu überrascht und bestürzt, wenn es anders, vielleicht schlechter kommt. Mit der optimistischen Grundhaltung bewahren wir unsere innere Stärke, aber verkennen nicht, dass das Leben nicht immer nur Gutes mit sich bringt. Wir können gelassener sein, weitgehend frei von zu viel Unruhe. Es ist eine alte philosophische Errungenschaft: Wer die Widersprüchlichkeit des Daseins anerkennt und erträgt, wer ihr gelassen begegnet, dem fällt es leichter, einverstanden zu sein mit sich und der Welt. Er kann akzeptieren, was zu akzeptieren ist, aber auch Änderungen angehen, wenn etwas zu ändern ist.

Ist es nicht zynisch zu sagen: Akzeptiere Leid, dann ist alles gut?

Nein, zynisch wäre es, dem Leidenden das Gefühl zu geben, dass sein Leid nicht sein darf, dass diese Empfindung falsch ist. Ich plädiere lediglich dafür, bei sich – und bei anderen – anzuerkennen, dass Schmerzen und Trauer, Sorgen, Nöte und Mangel nun einmal zum Leben gehören. Und manches Mal auch Gutes hervorbringen können.

Sie sind beispielsweise die Grundbedingung für Kunst und Philosophie. Kein brillanter Gedanke, kein berührendes Werk entsteht etwa ohne die Erfahrung von Melancholie.

Existenzielle Rückschau

Mit dem Alter nimmt das Bedürfnis zu, anderen von seinem Leben zu erzählen und so Sinn in der Biografie zu erkennen. Doch viele finden kein Gehör

Wie lerne ich Gelassenheit?

Das Problem ist: Gelassener werden wir kaum, wenn wir immer mehr machen – gelassener werden wir, wenn wir weniger machen. Weniger grübeln, weniger wollen, dass alles so sein soll, wie wir es wollen, weniger nach Glück und Perfektion streben. Konkrete Vorschläge für Gelassenheit klingen oft ein wenig banal, aber sie sind leicht umzusetzen. Berührungen zum Beispiel machen gelassener.

Je häufiger wir die Nähe eines anderen Menschen wirklich körperlich spüren, desto eher fühlen wir Ruhe, Geborgenheit, Zutrauen zum Leben. Das ist ein neurobiologischer Mechanismus, den wir viel öfter bewusst nutzen sollten.

Berührungen sind ja oft auch mit starken Gefühlen verbunden, und das ist gut für einen; aber dafür ist es

Individuelle Verantwortung

Die Ansprüche jedes Einzelnen befeuern die Beschleunigung der Gesellschaft, so Schmid. Daher gelte es, gerade im Kleinsten und Alltäglichsten über das Leben nachzudenken

erforderlich, sich um Beziehungen zu bemühen, die Berührungen zulassen.

Noch ein weiterer Vorschlag?

Auch Gewohnheiten machen uns gelassener. Ihnen haftet leider etwas Altmodisches an, wer sie hat, gilt als langweilig. Aber Gewohnheiten haben einen großen Vorzug: Sie brauchen nicht viel Energie, sie entlasten uns und machen uns daher gelassen gegenüber Überraschungen. Sie bieten Auszeiten von den pausenlosen Entscheidungen, schaffen Stabilität und spenden Kraft, wenn uns das Leben mal wieder zu überfordern droht.

Machen Sie eine Übung daraus: Wählen Sie einen Tag, an dem Sie auf alle Gewohnheiten und Rituale verzichten. Denken Sie alles neu: Warum soll ich aufstehen, warum ins Bad gehen, was soll ich zum Frühstück machen? Das wird schnell unangenehm. Denn Ihnen wird auf einmal klar, wie sehr uns Gewohnheiten entlasten können. Und wie sehr es sich lohnt, auf sie zu achten.

Mancher mag denken: Sie haben leicht reden! Als Philosoph und Bestsellerautor gehen Sie äußerst erfolgreich einer kreativen und selbst gewählten Tätigkeit nach.

Der Erfolg freut mich, er beschert mir wunderbare Möglichkeiten, etwa Kontakte zu Menschen in anderen Kulturen. Aber ich konnte diesen Erfolg nicht absehen. Der war für mich eine große Überraschung. Was ich in den Büchern schreibe, ist aus meiner eigenen Not erwachsen. Denn sie entstehen, wenn ich selbst nicht mehr weiterweiß. Sie sind das Ergebnis meines Nachdenkens über das Leben.

Mein Buch über Gelassenheit ist beispielsweise entstanden, weil mich mein 60. Geburtstag in eine Krise stürzte. Ich musste einen Weg finden, mit dem Älterwerden umzugehen. Also las und schrieb ich darüber und experimentierte auch selbst damit.

Nicht jedes Philosophieren ist abstrakt und schwierig, dreht sich um Fragen wie „Was ist Wahrheit?“ oder „Was können wir wissen?“. Philosophie kann auch ganz lebenspraktisch sein. Vor allem Denker der Antike, aber auch Akademiker haben sich zum Teil um sehr lebensnahe Fragen gekümmert, beispielsweise Immanuel Kant in seiner „Anthropologie in pragmatischer Hinsicht“.

Was bedeutet lebenspraktische Philosophie für Sie?

Das Nachdenken über das Leben, um ihm eine Richtung zu geben. Und zwar, frei nach Friedrich Nietzsche, zuerst im Kleinsten und Alltäglichsten. Das bedeutet für mich: Erfahrungen machen, einen Schritt zurücktreten, reflektieren, etwas ausprobieren, und wieder von vorn.

Viele Menschen leiden darunter, dass sie zu alldem kaum noch Muße haben – dass sich alles immer schneller verändert.

Aber für die Beschleunigung sorgen wir auch selbst. Natürlich wollen wir, dass unser Internetzugang schnell ist, dass die Züge uns mit Tempo 280 von einem Ort zum anderen bringen, dass ein Paket zügig geliefert wird, dass es in der Warteschlange schnell vorangeht. Die Welt beschleunigt sich nicht von selbst. Sie wird angetrieben von den Ansprüchen jedes Einzelnen.

Wenn wir das anders haben wollen, liegt es an jedem Einzelnen von uns, etwas dafür zu tun. Ich persönlich wechsele beispielsweise mein Smartphone nicht alle zwei Jahre aus, sondern alle fünf Jahre. Das kühlt vielleicht nicht den Smartphonehersteller ab, mich selbst aber schon.

Lebenskunst ist, so sagen Sie, sich eines Problems bewusst zu werden und darüber nachzudenken. Aber besteht nicht die Gefahr, über die viele Grübelei irgendwann unglücklich zu werden?

Natürlich. Umso wichtiger ist es, nicht permanent sein Leben zu betrachten und auf den Prüfstand zu stellen, sondern nur ab und zu. Nehmen Sie sich etwa vor, nicht immer nur nach vorn, sondern auch einmal zurückzuschauen, am Jahresende oder rund um den Geburtstag. Dann gilt es, Ideen zu entwickeln, wie sich Sinn stiften lässt, wie sich Beziehungen knüpfen und verbessern lassen. Und es auszuprobieren. Lebenskunst heißt auch: Erfahrungen zu machen – und daraus Schlussfolgerungen zu ziehen.

Und wenn doch einmal alles zu viel wird: Was ist eine von Ihnen empfohlene philosophische Sofortmaßnahme?

Dann sollte man sich fragen: Was finde ich schön? Und sich genau das gönnen. Nicht: Was macht mir Spaß, was macht mich glücklich, oder wie komme ich hier heraus. Fragen Sie sich: Was finde ich schön? Ein Lied, ein Gesicht, einen Duft – Schönheit ist tausendfältig. Aber Menschen sind sich tatsächlich häufig nicht im Klaren darüber, was das Schöne für sie ist.

Weshalb ist Schönes wichtig?

Kaum etwas kann uns so tief berühren wie Schönheit. Sie ist eine wichtige Energiequelle. Und das Streben danach ist Lebenskunst. ‹

IMPRESSUM

Gruner + Jahr GmbH & Co KG, Druck- und Verlagshaus, Am Baumwall 11, 20459 Hamburg. Postanschrift der Redaktion: Brieffach 24, 20444 Hamburg
Telefon 040/37 03-0, Telefax 040/37 03 56 48
Internet: www.geo-wissen.de

CHEFREDAKTEUR
Michael Schaper

STELLVERTRETENDE CHEFREDAKTEURE
Claus Peter Simon; Rainer Harf

ART DIRECTION
Torsten Laaker

TEXTREDAKTION
Bertram Weiß (Konzept dieser Ausgabe);
Tilman Botzenhardt, Maria Kirady, Sebastian Witte

BILDREDAKTION
Carla Rosorius (Leitung)
Katrin Trautner; Ulrike Jürgens, Carolin Küst

VERIFIKATION
Bettina Süssemilch; Regina Franke, Dr. Götz Froeschke, Susanne Gilges, Stefan Sedlmair

LAYOUT
Lena Uphoff

CHEF VOM DIENST / SCHLUSSREDAKTION
Ralf Schulte, Antje Poeschmann

TECHNISCHER CHEF VOM DIENST
Rainer Droste

REDAKTIONSASSISTENZ
Ümmük Arslan, Helen Oqueka, Anastasia Mattern, Saskia Patermann, Thomas Rost

HONORARE/SPESEN
Angelika Györffy, Andreas Koseck

GESCHÄFTSFÜHRENDE REDAKTEURIN
Maike Köhler

VERANTWORTLICH FÜR DEN REDAKTIONELLEN INHALT
Michael Schaper

PUBLISHER
Dr. Gerd Brüne, Florian Gless

EXECUTIVE DIRECTOR DIRECT SALES
Heiko Hager, G+J Media Sales

VERANTWORTLICH FÜR DEN ANZEIGENTEIL
Daniela Krebs, Director Brand Solutions, G+J e|MS, Am Baumwall 11, 20459 Hamburg.
Es gilt die jeweils aktuelle Preisliste. Infos hierzu unter: www.gujmedia.de

DIRECTOR DISTRIBUTION & SALES
Torsten Koopmann, DPV Deutscher Pressevertrieb

MARKETING
Pascale Victoir

HERSTELLUNG
G+J Herstellung, Heiko Belitz (Ltg.), Oliver Fehling

Der Export der Zeitschrift GEOWISSEN und deren Vertrieb im Ausland sind nur mit Genehmigung des Verlages statthaft.
GEOWISSEN darf nur mit Genehmigung des Verlages in Lesezirkeln geführt werden.

BANKVERBINDUNG:
Deutsche Bank AG Hamburg,
IBAN DE30200700000032280000,
BIC DEUTDEHH.
Heft-Preis: 10 Euro (mit DVD: 16,50 Euro).
ISBN 978-3-652-00754-2 (978-3-652-00756-6)

ISSN 0933-9736
Litho: 4mat Media, Hamburg
Druck: Mohn Media Mohndruck GmbH, Gütersloh
Printed in Germany

GEO-LESERSERVICE
Fragen an die Redaktion
Tel.: 040/37 03 20 84 Fax: 040/37 03 56 48
E-Mail: briefe@geo.de

ABONNEMENT- UND EINZELHEFT-BESTELLUNG
Anschrift: GEO WISSEN-Kundenservice, 20080 Hamburg
E-Mail: kundenservice@dpv.de
Tel.: 0049/40/55 55 89 90
Telefax: 040/55 55 78 03
pers. erreichbar: Mo–Fr 7.30–20 Uhr, Sa 9–14 Uhr.
24-Std.-Online-Kundenservice: www.geo.de/kundenservice
Preis Jahresabonnement: 20,00 € (D), 22,80 € (A), 33,00 sfr (CH)
Preise für weitere Länder auf Anfrage erhältlich.

Bestelladresse für GEO-Bücher, GEO-Kalender, Schuber etc.:
GEO-Versand-Service, 74569 Blaufelden
Tel.: +49/40/422 36 427
Fax: +49/40/422 36 663
E-Mail: guj@sigloch.de

BILDNACHWEIS/COPYRIGHT-VERMERKE
Anordnung im Layout: l. = links, r. = rechts, o. = oben, m. = Mitte, u. = unten

TITEL Kniel Synnatzschke/plainpicture
EDITORIAL Benne Ochs für GEO WISSEN: 3 r. o; Yuliya Derbisheva/Getty Images: 3 m.
INHALT siehe entsprechende Seiten
DIE KUNST DES VERWEILENS Willing Holtz/plainpicture: 6; Carrie Marie Burr/plainpicture: 7
DIE MACHER privat: 8 l. o., 9 r. m., 9 l. u.; Paula Markert für GEO WISSEN: 8 r. o., 9 l. m.; Nishant Choksi: 8 m.; Oliver Vogel: 8 r. u.; Dennis Williamson: 8 l. u.; Anne Gabriel-Jürgens für GEO WISSEN: 9 o.; Brodbeck & de Barbuat: 9 r. u.
DAS GLÜCK MIT DEN HÄNDEN GREIFEN Tanja Demarmels/13 Photo: 10/11, 28–29; Neumann und Rodtmann: 12, 13 r. o., 13 u.; Florian Reimann: 13 l. o.; Christian O. Bruch/laif: 14–15; Lukas Lienhard/13 Photo: 16–17; Johannes Arlt für GEO WISSEN: 18–19; Daniel Auf der Mauer/13 Photo: 20–21; Christian Beutler/Keystone/laif: 22–23; Nele Martensen: 24–25; Alexander Ziegler: 26 o., 26 m., 27 r.; Marco Baass: 26 u., 27 l.
WARUM UNSER LEBEN IMMER HEKTISCHER WIRD Illustrationen: Nishant Choksi für GEO WISSEN: 30–37; außer: Tobias Kruse/Agentur Ostkreuz für GEO WISSEN: 32
ALLTAG IM ZYKLUS DER NATUR Anne Gabriel-Jürgens für GEO WISSEN: 38–45
DIE DIGITALEN VERFÜHRER Neumann und Rodtmann für GEO WISSEN: 46–54
DIE SEHNSUCHT NACH DEM NORDEN Peter Lyden/plainpicture: 56; Fredrik Ludvigsson/plainpicture: 57 l. o., 61; Pernilla Hed/plainpicture: 57 r. o.; Anna Rostrom/plainpicture: 57 l. u.; Annika Vannerus/plainpicture: 57 r. u.; Peter Carlsson/plainpicture: 58 o.; privat: 58 u.; Malin Morner/plainpicture: 59 o.; Dan Lepp/plainpicture: 59 u.; Helen Karlsson/plainpicture: 60 o.; Berit Roald/plainpicture: 60 u.
ICH UND MEIN DIGITALER WAHN Illustrationen: Rinah Lang für GEO WISSEN: 62–65
DIE MAGIE DER WILDNIS Kilian Schönberger: 68–80; außer: SDW/Michael Rademann: 74 u.
ZURÜCK ZUM VINYL Eilon Paz, www.dustandgrooves.com: 82–86; außer: Laura Banish-Abbasi: 84 u.
WENN DER GEIST AUF REISEN GEHT Brodbeck & de Barbuat: 88–92
WAS DEM LEBEN SINN GIBT Peter Rigaud für GEO WISSEN: 94–100
ENDLICH RUHE. WIE ICH LERNTE, DIE GEGENWART ZU SPÜREN Illustrationen: Tina Berning für GEO WISSEN: 104–108
ZU FUSS HÄLT DIE SEELE SCHRITT Bastian Kalous: 110–116; Helena Schaetzle/laif: 117
»GÖNNE DICH DIR SELBST« Thekla Ehling für GEO WISSEN: 118–125
STILL, ABER NICHT STARR Illustrationen: Claudia Meitert für GEO WISSEN: 126–130
DIE SCHÄTZE DES WALDES Mee Productions/Stocksy: 132; Stephan Rappo/13 Photo: 133 o.; Blend Images/Gallery Stock: 133 m.; Helen Rushbrook/Stocksy: 133 u.; Ramon Haindl für GEO WISSEN: 134, 136 u.; CACTUS Blai Baules/Stocksy: 135 o.; Johner/Scandinav Images/plainpicture: 135 l. u.; Matilda Lindeblad/Johner/plainpicture: 135 r. u.; Andrew Cebulka/Stocksy: 136 o.; Matthew Spaulding/Stocksy: 137; Bildagentur-online/Getty Images, Anna Marie Hussey, Enno Kleinert/dpa picture alliance, ivan-96/Getty Images, Cramers Gallery of Nature, Bildagentur-online/Getty Images, BSIP/Getty Images: 138 v. l. o. n. r. u. ; beesch/plainpicture: 139
MEIN MOMENT. WIE MENSCHEN DIE ZEIT VERGESSEN Johannes Arlt: 140/141, 156–157; Malte Jaeger: 142 l.; Malte Jaeger/laif: 142 r., 143; Berlingske/Lekfeldt/Agence VU/laif: 144–145; Daniel Auf der Mauer/13 Photo: 146–147; Marcel Schwickerath: 148–149; Theodor Barth/laif: 150/151; Simon Koy: 152–153; Roshan Adhihetty/13 Photo: 154–155
WIE LANGE DAUERT DAS DENN NOCH? Benne Ochs für GEO WISSEN: 158–161

endlich
ruhe.
wie ich lernte,
die gegenwart
zu spüren

Mitten im Leben

Ob in der Öffentlichkeit oder zu Hause: Prinzipiell lassen sich die Techniken des MBSR-Programms überall üben – und stärken so nach und nach die Stressresistenz

TEXT:

Bertram **Weiß**

•

ILLUSTRATIONEN:

Tina **Berning**

Wie vielen anderen ist dem GEO WISSEN-Redakteur Bertram Weiß manchmal alles ein bisschen zu viel, zu hektisch. Deshalb hat er ein Gegenmittel ausprobiert, das immer populärer wird: ein achtwöchiges Trainingsprogramm namens MBSR

D

Draußen dröhnen Sportwagen über Hamburgs zentrale Luxusstraße, vorbei an Schaufenstern von Juwelieren, in denen die Trophäen der Wohlstandsgesellschaft prangen, die Insignien von Erfolg und Leistung. Offenbar eilen Passanten über die Trottoirs vor den Läden, denn unablässig schallt der Klang von aufgeregten Gesprächen und hastigen Schritten zu uns herein.

Wir sitzen in einer hellen und eleganten Arztpraxis im Kreis – und schweigen. Fünf Männer und sieben Frauen. Jeder verharrt auf einem Stuhl, die Augen geschlossen, den Rücken gerade aufgerichtet, die Hände in bequemer Haltung auf den Schenkeln.

Von Zeit zu Zeit schaue ich auf und betrachte die entspannten Gesichter. Zu fantastisch erscheint mir der Gegensatz zwischen der lärmenden Welt vor den Fenstern und der seit Minuten anhaltenden Stille im Raum.

„Es gibt nichts zu begreifen, keine intellektuelle Erkenntnis zu gewinnen", sagt Gerhard Schmidt-Hartnack in die Ruhe. „Nur zu erfahren, den Atem spüren – jetzt." Es ist ein Satz, den der Facharzt für Innere Medizin immer wieder ausspricht, wenn wir in seiner Praxis zusammenkommen. Acht Wochen lang, jeden Dienstagabend, versammeln wir uns für zweieinhalb Stunden bei ihm, um eine besondere Fähigkeit zu schulen: Achtsamkeit.

Gepriesen von Ärzten und Psychologen, von Therapeuten, Coaches und Beratern, ist es Mode geworden, sich in Achtsamkeit zu üben. Denn ihr wird viel zugetraut: Sie lindert Ängste, stiftet Sinn, mildert Verzweiflung, heißt es. Und sie mindere Stress.

Ich kenne es, dieses Gefühl, dass alles zu viel wird. Diese Emotion, die aufwallt, wenn die Geräusche zu laut werden, die Termine zu drängend, die Erwartungen zu groß, die Befürchtungen zu mächtig. Diese Unruhe, die einen schwanken lässt und einem den Schlaf raubt. Die die Stimme brüchig macht, die Gedanken sprunghaft, die Bewegungen fahrig. Deshalb will ich herausfinden, ob Achtsamkeit wirklich ein wirksames Mittel dagegen ist.

Erlernen kann man diese Fähigkeit über ein Training namens „Mindfulness-Based Stress Reduction". Diese „Achtsamkeitsbasierte Stressreduktion" ist von dem US-Wissenschaftler Jon Kabat-Zinn erdacht worden.

Kabat-Zinn hat vor Jahren eine Stressklinik gegründet, um Patienten mit chronischen Schmerzen ein besseres Lebensgefühl zu vermitteln. Doch bald schon ging er dazu über, auch anderen Erschöpften zu helfen. Mittlerweile haben dort Zehntausende sein Programm durchlaufen, das heute weit über die USA hinaus bekannt ist. Auch in Deutschland ergänzen seine Ideen inzwischen in vielen Kliniken psychotherapeutische und psychiatrische Behandlungen, verbreiten „Achtsamkeitslehrende" das MBSR-Konzept.

Einer von ihnen ist Gerhard Schmidt-Hartnack. Zweimal schon hat der promovierte Mediziner in seinem Leben derart viel gearbeitet, dass er in das Burnout-Syndrom zu gleiten drohte. Deshalb suchte er einen Ausweg und ließ sich – unter anderem von Jon Kabat-Zinn persönlich – schließlich zum MBSR-Lehrer ausbilden.

Seither zeigt der 64-Jährige abends nach Praxisschluss anderen Menschen, wie sie besser mit Stress umgehen. Wenn die letzten Patienten gegangen sind, rückt er Schreibtisch und Möbel beiseite, stellt Wartezimmerstühle im Kreis auf, erwartet seine Besucher – und beginnt dann, ihnen den Weg zur Achtsamkeit zu weisen.

a

Am ersten Abend legt er jedem von uns drei kleine Rosinen in die Hände. „Schauen Sie sich die einmal genau an", sagt Schmidt-Hartnack. Minutiös sollen wir die Trockenfrüchte nach und nach mit allen Sinnen wahrnehmen. Ich halte meine drei Rosinen gegen das Licht, wende sie, betrachte die Bernsteinfarbe. Dann befühle ich sie, rieche, halte sie ans Ohr und lausche dem Geräusch, das entsteht, wenn ich sie mit den Fingerkuppen leicht drücke.

Schließlich dürfen wir sie auch mit der Zunge betasten, kauen, schlucken. Wir schmunzeln, lachen: Zwölf Erwachsene sitzen zusammen und befingern Rosinen. Und Schmidt-Hartnack sagt im unerschütterlichen Tonfall eines Arztes: „Was Sie gerade erleben, ist Achtsamkeit."

Mit dieser Übung beginnt jeder MBSR-Kurs. Sie soll bewusst machen, was mit Achtsamkeit gemeint ist: nämlich auf eine bestimmte Weise aufmerksam zu sein; mit allen Sinnen Gedanken, Gefühle und Empfindungen des Körpers wahrzunehmen – ohne zu bewerten, ohne Pläne oder Erwartungen. Den Augenblick bewusst zu spüren. „Achtsamkeit heißt zu sehen, was ist – nicht, was sein könnte oder sein sollte", so Schmidt-Hartnack. Es ist eine Haltung, die schon seit Jahrtausenden zum Kern des Buddhismus und fernöstlicher Lebenslehren gehört und von deren Anhängern durch ausdauernde und vielfältige Übung gestärkt werden soll.

In der MBSR werden einige dieser Techniken zusammengeführt. Und so erlernen und üben wir im Verlauf der Wochen nacheinander mehrere Methoden, die zu mehr Achtsamkeit beitragen sollen. Etwa den „Body Scan": Dazu liegen wir 45 Minuten auf dem Rücken, schließen die Augen und hören, wie Schmidt-Hartnack langsam und mit Pausen jeden Teil des Körpers anspricht, die Füße, die Beine, das Becken, selbst die Genitalien.

Immer wieder bittet er, einen Moment in Gedanken bei der jeweiligen Körperpartie zu verweilen: um zu spüren, was ist. „Welche Empfindungen können Sie hier feststellen? Gibt es vielleicht ein Druckgefühl? Wärme? Pochen? Vielleicht keine Empfindung? Das wäre auch in Ordnung."

Manchmal werde ich bei dieser Übung ungeduldig, manchmal etwas schläfrig. Doch zuweilen ist es, als sinke der raunende Klang seiner Stimme tief in mich hinein – und entfache einen wärmenden Frieden.

Später lernen wir die „Sitzmeditation", bei der wir in Stille auf den Stühlen verharren und die Aufmerksamkeit auf den Atemfluss lenken.

Dann einfache Bewegungsabläufe, die dem Yoga entlehnt sind. Dabei achten wir genau darauf, welche Gefühle und Empfindungen aufkommen, etwa Langeweile oder leichte Schmerzen – und abermals, wie der Atem fließt.

Schließlich die „Gehmeditation": Langsam schreiten wir durch den Raum und versuchen, uns der Empfindung in den Fußsohlen bewusst zu werden. Gelenke knacken, Socken schleifen. Nichts weiter erfüllt über Minuten die Arztpraxis.

Bertram **Weiß**

ist Redakteur im Team von GEO WISSEN und hat das Konzept dieser Ausgabe erarbeitet.

Tina **Berning**

kann bei der Arbeit an ihren Aquarellen alle Außenreize ausblenden und ganz bei sich sein.

Die Übung der Achtsamkeit, das wird schnell klar, bedeutet vor allem eines: Übung. „Ganz gleich, was Sie darüber denken", sagt Schmidt-Hartnack, „machen Sie es einfach." Es sei wie beim Kraftsport: Nur durch Training könne man etwas verändern.

Daher sind die Treffen mit der Gruppe nur ein Teil des MBSR-Programms. Den weitaus größeren muss jeder allein ausführen. Dafür erhalten wir ein umfangreiches Anleitungsbuch sowie eine CD mit Tonaufnahmen von Schmidt-Hartnacks Instruktionen für die verschiedenen Übungen. Eine Dreiviertelstunde soll jeder täglich darauf verwenden, besser noch mehr.

Dann und nur dann, so betont der Arzt, könne das Programm seine heilsame Wirkung entfalten – und könne die Achtsamkeit in uns zunehmen.

Ich versuche fortan, jeden Tag 45 Minuten allein zu sein, auch im Büro, und eine oder mehrere Übungen auszuführen. Ich liege auf dem Boden und lausche der Stimme aus den Lautsprechern, schreite langsam im Wohnzimmer auf und ab, sitze reglos im Park. Manche Verabredung sage ich ab, um genug Zeit für die Übung zu haben.

Woche für Woche treffen wir uns in der Praxis und tauschen uns aus, hören, wie es dem einen glückt, dem Familienalltag genug Zeit für die Übung abzutrotzen, nicken, wenn eine andere sich freut, dass sie gleich morgens Gelegenheit findet zur Meditation.

Wer achtsam werden will, der muss dafür kämpfen. Und auch mit sich selbst. Denn dieser Weg fällt nicht leicht. Mal breitet sich schon nach wenigen Minuten des Innehaltens bleierne Müdigkeit im Körper aus, mal brechen sich so viele Gedanken Bahn, dass an Stillsitzen nicht zu denken ist.

Manchmal erscheint es mir gar, als folterte ich mich selbst: Warum hier einen Fuß vor den anderen setzen, wenn doch so viel zu tun ist? Weshalb hier sitzen, wenn doch Schmerzen in den Schultern aufflammen?

All diese Hindernisse seien normal, sagt Schmidt-Hartnack. Jeder, der seine Achtsamkeit schule, erlebe, was ihn langweilt und was ihn schmerzt, was ihn treibt und was ihn ängstigt.

Dem eigenen Atem folgen

In der »Sitzmeditation« gilt es, in Stille zu verharren und die Aufmerksamkeit ganz auf den Atemfluss zu lenken

Wer achtsam werden will, muss **ein bisschen kämpfen –** auch mit sich selbst

Aber die Hemmnisse lösten sich auf. Wenn man geduldig genug sei und hartnäckig bleibe, entschlossen.

W

Während ich auf meinem Stuhl Gedanken und Gefühlen lausche, erinnere ich mich an ein Experiment in den USA. Die Forscher baten ihre Probanden, 15 Minuten in einem Raum zu sitzen, allein und ohne Ablenkung, mit nichts zu tun. Die Hälfte von ihnen gab anschließend an, dies sei keine angenehme Erfahrung gewesen.

In einem weiteren Versuch erhielten Teilnehmer die Möglichkeit, das Nichtstun mit einem leichten elektrischen Schock zu unterbrechen. Ein Viertel der Frauen und zwei Drittel der Männer nahmen dies in Anspruch und versetzten sich selbst Stromstöße.

Ruhe, so scheint es, ist vielen schwerer erträglich als Schmerz. Auch für mich ist es manchmal bei den Treffen wie eine Befreiung, wenn der zarte Klang von tibetischen Zimbeln das Ende einer Übung ankündigt.

Einzig dieses kleine Instrument aus buddhistischen Ritualen lässt erahnen, dass die Grundideen der MBSR in spirituellen Lehren wurzeln. Sonst aber gibt es in Schmidt-Hartnacks Praxis keinerlei fernöstliches Beiwerk.

Das liegt vielleicht daran, dass die Verfechter von Achtsamkeitstechniken in der MBSR keine esoterische Geheimlehre sehen, sondern ein wissenschaftlich fundiertes Verfahren. In Hunderten Studien haben Forscher untersucht, ob MBSR auf die Gesundheit einwirkt. Und sie fanden Erstaunliches: Es verbessert tatsächlich das Wohlbefinden bei Erkrankungen wie chronischem Schmerz oder Krebs, lindert psychische Beschwerden wie Ängste, Depression oder Erschöpfung.

Längst arbeiten Mediziner, Therapeuten und Psychologen an weiteren Anwendungen: Die „Achtsamkeitsbasierte kognitive Therapie“ (Mindfulness-Based Cognitive Therapy, MBCT) etwa wurde als Gruppenverfahren zur Rückfallprävention von Depressionspatienten entwickelt. Das Programm „Achtsames Selbstmitgefühl“ (Mindful Self-Compassion, MSC) soll helfen, mit übermächtigen Gefühlen wie Verzweiflung und Wut umzugehen.

Doch wie, frage ich mich, während ich in der Stille sitze, kann mir Achtsamkeit helfen, wenn ich in Stress gerate? Wenn der Chef noch mehr Einsatz fordert, wenn gleichzeitig Dutzende Aufgaben drängen? Wenn die Unruhe auch in Pausen nicht weicht?

„Wenn Sie achtsam wahrnehmen, was ist, wenn Sie zuerst schauen und dann handeln“, sagt Schmidt-Hartnack, „dann wird ihre Zündschnur ganz allmählich immer länger.“

An einem Flipchart erklärt er es uns etwas wissenschaftlicher: Was wir als Gefühl der Überforderung empfinden, ist ein archaisches Notfallprogramm unseres Körpers – das Gehirn versetzt uns in Alarmbereitschaft, die Muskeln spannen an, der Puls beschleunigt sich, der Mund trocknet aus, das klare Denken stockt. Im Achtsamkeitstraining erlebt das Gehirn das Ge-

Vereint gegen den Stress

Woche für Woche treffen sich die Teilnehmer zum MBSR-Kurs. Doch jeder soll die Übungen auch alleine in seinem Alltag umsetzen

genteil; es lernt wieder und wieder die Ruhe kennen – und so auch, auf äußere Reize weniger erregt zu reagieren.

Hinzu kommt: Sobald Stress aufwallt, beginnen wir zu urteilen. Etwas erscheint uns zu langsam oder zu schnell, unordentlich oder ungenügend. So geraten wir in einen Strudel destruktiver Gedanken, der uns in immer größere Unruhe versetzt, mithin erschöpft. Achtsamkeit, so das Versprechen der MBSR-Anbieter, kann bewusst machen, was wir sonst oft nicht bemerken. Anders gesagt: Das Training lässt uns sensibler spüren, wenn der Stress uns zu überwältigen droht.

Nach der sechsten Sitzung, so sieht es das Programm vor, sollen die Kursteilnehmer noch tiefer in die Stille eindringen. Daher versammeln wir uns an einem Samstagmorgen in der Praxis und üben mehrere Stunden lang, meditieren im Sitzen, Gehen und Liegen.

Zur Mittagszeit bahnen wir uns schweigend einen Weg durch die Passanten auf der Straße und kehren in einem Bistro ein. Jeder von uns wählt einen Tisch, bedient sich am Büfett, isst Bissen für Bissen in Stille. Achtsam. Für sich allein. Lange schon erschien mir Essen nicht mehr so genussvoll.

Anschließend setzen wir die Übungen gemeinsam fort. Als die Gruppe später auseinandergeht, ist es mir, als teilten wir ein Geheimnis. Als hätten wir von etwas Belebendem, Beglückendem gekostet, zu dem wir fortan immer wieder zurückkehren können.

Beim nächsten Treffen sprechen wir darüber mit Schmidt-Hartnack, und es wird deutlich: Jeder von uns hat es ähnlich erlebt. Daher fallen die verbleibenden Tage leicht; manchmal ist es geradezu verlockend, die Stille aufzusuchen. Vor allem die Sitzmeditation entwickelt einen eigentümlichen Sog: Ich entdecke friedvolle Lücken zwischen lärmenden Gedanken, erlebe, wie sich Gefühle binnen Minuten verändern, Empfindungen verflüchtigen.

Manchmal erscheint es mir hinter geschlossenen Lidern, als könnte ich mich in Tiefen verwurzeln und zugleich in die Höhe schwingen, wie schlafend ruhen und zugleich hellwach sein. Wenn sich der Stress heranschleicht, wenn die Aufregung sich aufbäumt, erinnere ich mich an dieses Gefühl. Dann suche ich es für einen Augenblick, schließe die Augen, atme.

In der Meditation lässt sich erleben, dass sich Gefühle verändern und körperliche Empfindungen verflüchtigen

Achtsamkeit ist ein großer Markt, es gibt Bücher, DVDs und Apps, die helfen sollen, das rechte Maß zu finden.

Kritiker wenden ein, das Konzept der Achtsamkeit verspräche Ruhe, Auszeit, Pause – solle uns aber in Wirklichkeit in Zeiten immer größerer Anforderungen nur noch produktiver machen, noch widerstandsfähiger, belastbarer. Angesichts des wachsenden Interesses an asiatischer Weisheit sprechen manche vom „Zen-Kapitalismus". Der habe seinen Ursprung vor allem dort, wo unser Dasein mehr geprägt wird als anderswo: im Silicon Valley. Nicht weit davon entfernt treffen sich jedes Jahr Tausende bei der Konferenz „Wisdom 2.0", um den eigenen Geist zu programmieren; um Lebenslehren und Geschäftstüchtigkeit miteinander zu verschmelzen. Jahr für Jahr tritt auch Jon Kabat-Zinn dort als Redner auf.

Aber ist es so einfach? Ist das Streben nach Achtsamkeit wirklich nichts weiter als eine neue Kulturtechnik im Zeitalter der Selbstoptimierung?

„Wer das sagt, verkennt etwas Entscheidendes", sagt Schmidt-Hartnack. All jene Menschen, die einen MBSR-Kurs besuchten und anschließend regelmäßig die gelernten Übungen umsetzten, könnten fortan nicht nur besser mit Stress umgehen – es geschehe mit ihnen viel mehr: „Schritt für Schritt können sie eine innere Verwandlung erleben." Wo zuvor automatisches, unbedachtes Verhalten gewesen sei, entstehe mehr und mehr bewusstes, überlegtes Handeln. Eine neue Haltung zu sich selbst und zur Welt – und das sei die Basis jeder Veränderung.

Acht Wochen habe ich meditiert, habe versucht, achtsam zu essen, die Zähne zu putzen und zu atmen. Habe erlebt, wie köstlich etwas schmeckt, wenn man es nur bemerkt, wie schön manches ist, wenn man es nur sieht.

Als ich die Praxis in der Hamburger Innenstadt zum letzten Mal verlasse, nehme ich viele Ideen mit, wie ich künftig Stress besser begegnen kann.

Doch da ist noch mehr, eine Ahnung: dass es sich lohnt, im Leben nicht allein nach Wohlstand und Anerkennung, Wachstum, Erfolg und Leistung zu streben – sondern auch noch nach anderen Dingen. ◂

LESETIPPS

Britta Hölzel, Christine Brähler
Achtsamkeit mitten im Leben
Umfangreiche Sammlung von Beiträgen wichtiger Experten.
336 Seiten, 19,99 Euro

Jon Kabat-Zinn
Gesund durch Meditation. Das große Buch der Selbstheilung mit MBSR
Grundlegendes Buch vom Begründer des MBSR-Programms.
464 Seiten, 12,99 Euro

Alice Huth
Das große Buch der Achtsamkeit
Eine schöne Zusammenstellung von Texten, die vom Innehalten erzählen – und dabei helfen.
272 Seiten, 10,00 Euro

TEXT:
Henning **Sußebach**
•
FOTOS:
Bastian **Kalous**

zu fuß hält die *seele* schritt

Querfeldein durch Wälder und Wiesen, jenseits von Asphalt und Beton: Der Autor Henning Sußebach macht sich immer wieder mal auf, um die Welt in Wanderge-schwindigkeit zu erkunden

Zwischenwelten

Der Fotograf Bastian Kalous verwendet bei Ausflügen in die Natur Polaroid-Kameras samt sehr altem Sofortbildmaterial – und fängt so geradezu träumerisch wirkende Szenen ein

D

Die ersten Schritte ins Reich der Langsamkeit machte ich viel zu schnell. Es war in Schottland, ich ein Student von Anfang zwanzig und für eine eilige Woche auf Austausch an der Universität von Edinburgh. Termin folgte auf Termin, ein Seminarraum glich dem anderen, künstliches Licht, schlechte Luft, November. Am letzten Tag des Aufenthalts stieg ich frühmorgens in einen Linienbus, der mich aus der Stadt hinaustrug in die Highlands, die ich bis dahin nur als Kitschkalender-Motiv kannte.

Spät wurde es hell an jenem Herbsttag, Nebel nahm die Sicht, die Straße wurde schmaler, die Landschaft immer leerer. In einem düsteren Tal verließ ich den Bus, hinter mir das hydraulische Seufzen der sich schließenden Tür, vor mir Hügel, die sich in Wolken verloren.

Mit dem Namen der Haltestelle verband ich nichts: Glencoe. Ich ahnte nichts von der Geschichte dieses schottischen Schicksalsortes. Nichts von den Fehden, die sich dort abgespielt hatten. Nichts von den Schlachten, die dort geschlagen worden waren. Nichts von seiner Schönheit. Und nichts davon, welche Wirkung die folgenden Stunden auf mein Leben haben würden.

Damals ging ich einfach los, lief geradeaus über Weiden und Heidepolster, unter den Schuhen ein Knistern und Knacken. Federnder Boden, rhythmischer Atem, pochender Puls.

Ich war in Eile, auch da draußen. Es würde früh wieder dämmern, ich musste am Abend zurück sein, der Rückflug war am nächsten Morgen.

So hastete ich einem der Hänge entgegen, ohne konkretes Ziel, nur getrieben von dem Drang, voran – und hinauf – zu kommen.

Henning **Sußebach**

Der Reporter und Redakteur der »Zeit« ist mit zahlreichen Journalistenpreisen ausgezeichnet.

Schwitzend und keuchend gewann ich an Höhe. Mit jedem Meter nahm der Wind zu. Die Wolken zerrissen. Als ich mich umdrehte, lag unter mir eine Landschaft, grün und braun und rostrot, steinhart und wiesenweich, gletschergeschliffen und regengewaschen. Alles in einem. Und einer in allem: mein sprachloses Ich.

Wildnis

Wir sind mobiler als je zuvor, doch meist bewegen wir uns auf vorgefertigten Routen. Wenn wir wandern, können wir auch unseren ganz eigenen Weg finden

J

Jener Tag liegt mehr als 20 Jahre zurück, ragt aber aus meiner Erinnerung wie ein Gipfel, viel höher als der Hügel, den ich damals erklommen hatte. Ganze Lebensphasen aus Arbeit und Alltag sind in einer Art Rückblickdunst verschwunden, sogar Urlaube habe ich vergessen. An diese paar Stunden jedoch kann ich mich in tausend Details

Langsamkeit

»Schrittgeschwindigkeit« erscheint uns im Alltag wie ein Nachteil. Doch auf Wanderungen hilft sie uns, die Welt und auch uns selbst neu wahrzunehmen

erinnern – oder glaube es zumindest, was in der Konsequenz das Gleiche ist. Was für ein Gedächtnisgeschenk!

Immer wieder habe ich mich gefragt, was diese Wanderung in den Highlands derart herausragend werden ließ. Zunächst dachte ich, es sei die Geschwindigkeit gewesen, mit der ich die Eindrücke errungen hatte, das Adrenalin, die Aktion, meine eigene Bewegung inmitten einer starren Natur. Als junger Mensch nimmt man ja meist an, alles um einen herum stehe, nur man selbst rase durch Raum und Zeit: Kaum hat man die Schule durchlaufen, zieht man aus und lässt das Zuhause zurück, im Vorgarten die winkenden Eltern.

In diesen Zeitrafferjahren wirkt die Umgebung wie eine reglose Kulisse. Die Heimatstadt. Das Programmkino. Die Universität mit ihren Professoren, die – wie Statisten – schon immer da waren und immer da sein würden.

Auch ein Strand oder ein Gebirge, die Natur also, sind bloß eine Bühne, auf der sich die eigene Kraft, die eigene Geschicklichkeit, der eigene Mut darstellen lassen. Geschwindigkeit und Vorankommen sind Werte für sich, müssen es in dem Alter auch sein. Stehenbleiben? Innehalten? Undenkbar.

Erst viel später habe ich begriffen, dass der Tag in den Highlands gerade nicht deshalb so einprägsam war, weil ich in sehr kurzer Zeit sehr viele Höhenmeter zurückgelegt hatte – sondern wegen eines mir bis dahin unbekannten Kontrastes zweier Daseinsformen: Ausgerechnet in der Zeit größter biografischer Beschleunigung (während eines kurzen Ausflugs während eines kurzen Auslandsaufenthalts während eines kurzen Studiums) war ich für einige Stunden absolut entschleunigt. Nicht

Alleinsein

Abseits der Städte wirkt die Landschaft manchmal erstaunlich leer. Auch wenn die Umgebung von Menschen geformt sein mag, bietet sie Raum, mit sich allein zu sein

Freiheit

Mit jedem Meter, den wir an Höhe gewinnen, mit jedem Kilometer, den wir vorankommen, erreichen wir mehr Unabhängigkeit – zumindest für einen Augenblick

Klarheit

Wenn wir zu Fuß unterwegs sind, lernen wir, mit wenig auszukommen, genügsam zu sein – und werden mit der Zeit doch reich: an Eindrücken, Ideen, Empfindungen

unterwegs in die Zukunft, sondern im Hier und Jetzt. Und ich bewegte mich nicht auf Skiern fort, nicht mit dem Rad, nicht fallschirmspringend, nicht rennend, nicht joggend. Sondern laufend. Gehend. Zu Fuß.

Diese unspektakulärste Art der Fortbewegung muss es gewesen sein, die den Tag so spektakulär machte: das Abbremsen auf „Schrittgeschwindigkeit" – ein Wort, mit dem wir im Alltag, als Autofahrer vor allem, einen Verlust verbinden, einen Verlust an Strecke und an Zeit. Dabei verspricht Schrittgeschwindigkeit mindestens ebenso viel Gewinn. An Erlebnissen. Eindrücken. Einsichten. Und an Erinnerungen, die lange lebendig bleiben.

Rund 90 Prozent unserer Lebenszeit verbringen wir in geschlossenen Räumen, schätzen Experten. Schauen wir uns die Welt an, ist sie meist gerahmt von einem Bildschirm oder einer Windschutzscheibe. Oft ist unsere Wahrnehmung beschränkt auf das, was eine Armlänge entfernt ist, ein Computermonitor, ein Smartphone-Display, gelegentlich ein Buch. Nahezu jedes Erlebnis ist heute ein Lese-Erlebnis, ein Fernseh-Erlebnis, von anderen gewichtet, gefiltert oder digital bearbeitet, wenn es sich um ein Foto handelt.

Wir sind sitzend schneller unterwegs als gehend: per Auto, Zug und Flugzeug. Im Internet gelangen wir mit nur einem Klick in nahezu jeden Winkel der Welt. Und wenn wir unser Heim verlassen, bewegen wir uns nahezu ausschließlich und sehr zielgerichtet auf jenen gut fünf Prozent Fläche, die in Deutschland zum großen Teil gepflastert, asphaltiert, versiegelt sind: Straßen, Fahrradwege, Bürgersteige.

Wir sind mobiler als jede Generation zuvor, nur springen wir von Stadt zu Stadt, von Punkt zu Punkt. Unsere

Muße

Die Zeit springt gewissermaßen aus ihrem Raster: Tage, Minuten, Stunden spielen eine geringere Rolle als in der alltäglichen Hektik

Lebendigkeit

Unter den Füßen ein schrundiger Fels, Müdigkeit in den Gliedern – und auch mal ein leichter Schmerz: Auf Wanderungen können wir intensiv unseren Körper spüren

DREI RATSCHLÄGE

Etwas wagen
Auch wenn es sich im ersten Moment ungewohnt anfühlen mag: *Wandern Sie ab und zu abseits der vorgegebenen Wege,* wenigstens ein kurzes Stück.

Weniger planen
Viele muten sich zu viel zu, bereiten sich zu detailliert vor. *Gehen Sie häufiger mal ungeplant eine kurze Strecke* – so schaffen Sie Zeit für Überraschungen.

Anders spüren
Versuchen Sie sich zu erinnern, *wie Sie als Kind die Welt wahrgenommen haben* – und rufen Sie diesen Blick wieder wach.

scheinbar individuellen Wege sind deckungsgleich mit dem Verkehrsnetz.

Und auch wenn wir wandern, entkommen wir selbst hoch oben in den Bergen nicht immer dem, wovor wir geflohen sind: Eile und Gedränge. Auf manchen Höhenwegen stehen sich Wanderer auf den Füßen, Schlafplätze auf den Hütten werden besser im Voraus gebucht, fast wie im Pauschalurlaub.

Trotzdem hat vermutlich jeder Mensch irgendwann einmal das eine, einzigartige Naturerlebnis gehabt. Die eine, besondere Entschleunigungserfahrung, an der er fortan alle anderen misst und die er bei jedem nachfolgenden Aufbruch wiederzufinden hofft.

Vor einiger Zeit bin ich noch einmal sehr nah dran gewesen. Und ich brauchte dazu keine atemraubende Landschaft, keine strapaziöse Anreise, keinen geografischen Superlativ. Ganz im Gegenteil: Ich bin einmal durch Deutschland gewandert, von der Ostsee auf die Zugspitze. Der Plan war, auf jenen Flächen zu laufen, die keine Straße, kein Bürgersteig, kein Bahnhofsvorplatz, keine versiegelte Fläche sind.

Mit der gleichen Konsequenz, mit der wir in unserem Alltag den betonierten Teil des Landes begehen, setzte ich meine Füße auf den frei gebliebenen Boden dazwischen. Wochenlang lief ich über Feld- statt Asphaltwege, auf Wanderwegen statt Autobahnen, querfeldein durch Wälder und Wiesen statt durch Parkplatzwüsten und Gewerbegebiete. Städte wollte ich weiträumig umgehen und Straßen allenfalls im 90-Grad-Winkel überschreiten.

Immer quer zu allen gewohnten Wegen, niemals längs, das war mein Gesetz. Anders als in den schottischen Highlands war ich diesmal vorbereitet, so glaubte ich es jedenfalls, mit ultraleichtem Einmannzelt, Schlafsack,

Verbundenheit

Unterwegs in der Wildnis können wir manches Mal einen erhabenen, ja magischen Moment erleben – das Gefühl, eins zu sein mit der Natur

Isomatte, Stirnlampe, Taschenmesser, Kompass, GPS-Gerät, Reiseapotheke – und zwei Dosen Pfefferspray.

Denn vor dem Aufbruch war ich in meiner Fantasie entlaufenen Hunden, Wildschweinen, Waldschraten, Wölfen und Provinz-Nazis begegnet.

Auch hatte ich mich gegen Tollwut impfen lassen. Allerdings gab es kein Mittel gegen etwas, das sich hinter alldem verbarg: Angst.

V

Vom ersten Tag an war dann alles anders als gedacht. In Deutschlands Norden lief ich über plattes Agrarland: bis auf den letzten Hektar gepflügt, geeggt, gekämmt, geometrisch gewinkelt und gezirkelt. Nichts war wild, eigentlich auch nicht schön. Umso mehr war ich gezwungen, mich am Unscheinbaren zu erfreuen. Am Blau einer Kornblume. Am Flirren einer Libelle. Am schrundigen Rindenmuster einer Birke.

Das war nur möglich, weil ich ging. In Schrittgeschwindigkeit war mein Land ein völlig anderes als das, was ich zu kennen glaubte. Abseits der Straßen und jenseits der Städte ist Deutschland überraschend leer. Obwohl ich durch menschengemachte Gegend ging, traf ich kaum Menschen.

Ich lief 30 bis 40 Kilometer pro Tag. In den Nächten schlief ich wider Erwarten gut, mal in Scheunen freundlicher Bauern, mal in meinem Zelt; die Müdigkeit war größer als die Furcht.

Zunehmendes Heimweh wurde ausgeglichen durch immer lieblichere Landschaften, je weiter ich nach Süden kam. Anders als befürchtet, war auch Hunger nie ein Problem. Denn das Land war voller Essen. Aus Autos und Zügen heraus ist geschwindigkeitsverwischten Alleen nicht anzusehen, wie viel Obst sie tragen. Äpfel, Birnen und Pflaumen wurden zu meiner Hauptmahlzeit, ich lief über Teppiche aus Fallobst, glitschig und wespenumsummt. Was für ein reiches Land, das seine Früchte verfaulen lassen kann.

Natürlich vermisste ich hin und wieder: einen Espresso, den beiläufigen Griff in den Kühlschrank, die augenblickliche Verfügbarkeit einer kalten Cola. Aber meist schien mein Körper in einem mir bis dahin unbekannten Genügsamkeitsmodus zu arbeiten – von all den Schmerz- und Durchfalltabletten in meinem Gepäck brauchte ich nicht eine einzige: Wolken beim Wachsen zusehen zu können scheint auch eine medikamentöse Wirkung zu haben.

Als ich nach 50 Tagen auf dem Zugspitzgipfel stand, war ich länger unterwegs gewesen als in jedem Urlaub, als auf jeder Wanderung zuvor. Die

Als Kind beherrscht man noch die Kunst, die Gegenwart zu dehnen

LESETIPPS

Henning Sußebach
Deutschland ab vom Wege: Eine Reise durch das Hinterland.
Meisterlich beschreibt der Autor seine Wanderung von Rügen bis zur Zugspitze.
192 Seiten, 9,99 Euro

Ulrich Grober
Vom Wandern: Neue Wege zu einer alten Kunst
Der Vordenker für Nachhaltigkeit hat ein so praktisches wie meditatives Brevier über das Gehen verfasst.
416 Seiten, 9,95 Euro

Anselm Grün
Von Gipfeln und Tälern des Lebens
Der Benediktinermönch zeigt auf, was sich beim Gehen über die eigene Biografie lernen lässt.
176 Seiten, 17,99 Euro

Geh-Meditation

Spüren, wie die Erde uns trägt

Im Zen-Buddhismus dient Gehen nicht nur der Fortbewegung: Bewusstes Schreiten kann die innere Ruhe stärken – und wird auch in Europa als Meditation immer beliebter

Wer die entschleunigende Wirkung von Spaziergängen oder Wanderungen vertiefen möchte, kann „Kinhin" praktizieren: achtsames Gehen, auch „Geh-Meditation" genannt. Ursprünglich stammt diese Form der Bewegung aus dem Zen-Buddhismus in Japan und China. Inzwischen wird sie aber auch in Europa in vielen Meditationszentren sowie in Kursen zur Stärkung von Achtsamkeit und Stressresistenz praktiziert. Sie gehört unter anderem zum Programm der „Achtsamkeitsbasierten Stressreduktion" (siehe Seite 104).

Die zentrale Idee dabei: Gehen ist ein in hohem Maße automatisierter Prozess, den wir früh erlernen und dann weitgehend unbewusst vollziehen. In der Geh-Meditation gilt es daher, die Schritte stark zu verlangsamen, sich quasi wie in Zeitlupe zu bewegen, um die Komplexität des Vorgangs wieder bewusst wahrnehmen zu können. Um zu spüren, wie wir bei jedem Schritt unser Gewicht verlagern und einen kurzen Moment gewissermaßen in der Schwebe sind, die Balance suchen. Wie wir die Zehen aufsetzen, die Fußsohle abrollen, wie die Muskeln in Gesäß, Waden und Oberschenkeln arbeiten.

In Seminaren lässt sich die Geh-Meditation lernen (hier in Unterfranken)

Das kann im Wechsel mit anderen Übungen geschehen, etwa als Kontrast zur sitzenden Meditation. Aber auch viele alltägliche Situationen, etwa ein kleiner Spaziergang oder der Weg zum Bäcker, lassen sich dafür nutzen, die Schritte einmal bewusst und langsamer als gewöhnlich zu setzen – und so einen Moment der Zentrierung, einen Augenblick der Ruhe zu schaffen.

Besondere Popularität in Europa erhielt die Geh-Meditation durch den Zen-Meister Thich Nhat Hanh, einen der weltweit einflussreichsten Lehrer für Achtsamkeit. In seinem Büchlein „Einfach gehen" gibt er inspirierende Anleitungen und persönliche Erfahrungen weiter, die helfen, nicht länger durch den Alltag zu hetzen, sondern Gehen zu genießen: „Als wir gehen lernten, war jeder Schritt eine Freude. Wir bewegten uns und erforschten jeden Moment, der sich vor uns auftat. Wir können lernen, wieder so zu gehen." Auch der Kinofilm „Der Weg zur Achtsamkeit" (Originaltitel „Walk with me") veranschaulicht Thich Nhat Hanhs Lehre des Gehens in eindrücklichen Bildern. Der Film liegt auf DVD einem Teil der Auflage dieses Magazins bei (Preis: 16,50 Euro). *Bertram Weiß*

Zeit war längst aus ihrem Raster gesprungen, irgendwann hatte es keine Rolle mehr gespielt, ob Montag oder Mittwoch, Freitag oder Dienstag war.

Und wenn ich Menschen begegnete, hatte uns der Zufall zusammengeführt. Abseits der Straßen traf ich vor allem Randfiguren. Leute mit Geradeausbiografien rauschten ja verkapselt in ihren Autos vorbei, unterwegs zum nächsten Termin. Ich lernte Arbeitslose und Mönche kennen, Schlachter und Hippies, Jungen und Mädchen, die kilometerweit zu Freunden radelten, weil in ihrem Dorf kein Bus mehr hielt.

1300 Kilometer bin ich gelaufen. In dieser Langsamkeit habe ich Erlebnisse in einer Geschwindigkeit gesammelt, wie man das als Erwachsener im Alltagstrott nicht schafft.

Genau das ist wohl das Geheimnis der Entschleunigung: Mit Glück macht sie uns vorübergehend wieder zu Kindern, denen doch dauernd etwas unvermittelt, unverhofft und zum ersten Mal widerfährt, beiläufig.

Als Kind geht man meist noch der Bewegung, des Stromerns wegen, nicht unbedingt, um irgendwo hinzukommen. Als Kind muss man nicht fürchten, Zeit zu verlieren, denn man hat sie im Überfluss. Man begegnet anderen unbefangen, weil sie noch frei von Zuschreibungen sind. Man beherrscht die Kunst, die Gegenwart zu dehnen, keinen Gedanken an Vergangenheit und Zukunft zu verschwenden. Nicht alles, was man tut, ist vernutzt. Und nicht jeder Weg verzweckt.

Für einen Erwachsenen ist es verdammt schwer, noch einmal in diesen Modus zu gelangen. Unmöglich eigentlich: geplant planlos zu sein. Da muss schon der Zufall helfen, wie damals in Schottland. Und danach nie wieder. ◂

Wer im Berufs- und Privatleben ständig stark gefordert wird und zugleich zu großer Perfektion neigt, kann leicht in eine Erschöpfungsspirale geraten. Doch es gibt einen Ausweg: **Selbstfürsorge**

INTERVIEW:

Maria **Kirady**
und Bertram **Weiß**

•

FOTOS:

Thekla **Ehling**

»Gönne Dich Dir selbst«

Erkenntnis

Selbstfürsorge ist die Fähigkeit, die eigenen Bedürfnisse rechtzeitig wahrzunehmen, so der Psychologe Prof. Dr. Gert Kaluza

GEO WISSEN: *Herr Professor Kaluza, was genau ist Stress?*

PROF. DR. GERT KALUZA: Ganz allgemein und etwas abstrakt: Stress ist eine körperliche und psychische Reaktion auf ein Ereignis, bei dem ein Mensch Anforderungen erlebt oder vermutet, deren erfolgreiche Bewältigung wichtig für ihn ist und die ihn gleichzeitig verunsichern. Anders gesagt: Wenn es für mich bedeutsam ist, etwas in den Griff zu bekommen, zum Beispiel weil ich ein wichtiges persönliches Ziel oder meinen Selbstwert bedroht sehe, ich aber nicht sicher bin, ob das klappt – dann kommt Stress auf.

Prof. Dr. Gert **Kaluza**

Der 63-jährige Stressforscher ist Diplom-Psychologe und psychologischer Psychotherapeut in Kooperation mit der Universität Marburg.

Und warum erleben wir das so oft?

Weil unser Alltag erfüllt ist von Situationen, in denen wir so empfinden. Dann machen wir etwa aus einem Gespräch mit einem Kunden oder einer abendlichen Einladung eine persönlich wichtige Anforderung, die es unbedingt zu meistern gilt. Zugleich sind wir unsicher, ob uns dies gelingen kann. Beim Stress müssen wir drei Aspekte unterscheiden:

• Das sind zum einen die sogenannten Stressoren – also die äußeren Anlässe, die uns belasten. Etwa Anforderungen des Chefs, Störungen durch Kollegen, Lärm an der Straße.

• Das ist zum anderen unsere Stressreaktion. Also etwa Nervosität, Konzentrationsmangel, Reizbarkeit, aber auch Schlafstörungen, Herzbeschwerden, Kopfschmerzen.

• Und das sind die persönlichen Stressverstärker, also individuelle Ziele, Einstellungen und innere Haltungen, mit denen wir durchs Leben gehen und mit denen wir auch den Stressoren begegnen, etwa unser Hang zu Perfektionismus – oder Selbstzweifeln.

Ob und wie heftig wir in einer bestimmten Situation Stress erleben,

Eigenanspruch

Das Gefühl, überall beliebt sein zu wollen, kann sich in einen gefährlichen Stressverstärker verwandeln, sagt Kaluza

Sichtweise

Mentale Stresskompetenz heißt, sich die Frage zu stellen, ob bestimmte Situationen auch anders bewertet werden können

hängt ganz entscheidend von diesen persönlichen Stressverstärkern ab.

Gibt es typische Stressverstärker?

Jeder Mensch reagiert auf Stressoren anders. Aber es gibt zum Beispiel bestimmte Werte, die viele von uns derart verinnerlicht haben, dass wir uns durch sie besonders unter Druck setzen. Viele von uns glauben dann, sie müssten diesen Werten unbedingt gerecht werden, nur dann könnten andere mit ihnen zufrieden sein – und sie mit sich selbst.

Welche inneren Werte sind das?

Es sind vor allem fünf Ansprüche, die viele in sich selbst wahrnehmen:

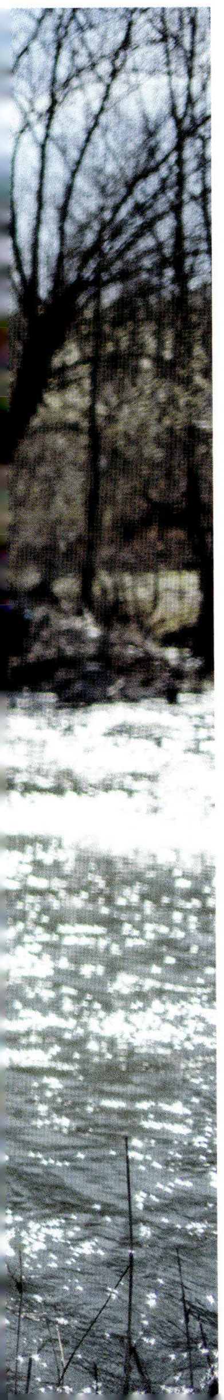

• Sei perfekt! Das Problem dabei ist nicht, stetig nach Verbesserung und Höchstleistungen zu streben. Problematisch wird es, wenn das perfektionistische Leistungsstreben in alle Lebensbereiche hineingetragen wird, für jede beliebige berufliche oder private Aktivität gilt.

• Sei beliebt! Wer es immer als notwendig empfindet, es anderen recht zu machen, niemanden zu enttäuschen und von allen gemocht zu werden, der überfordert sich rasch selbst und verwandelt ein an sich normales Empfinden in einen gefährlichen Stressverstärker.

• Sei unabhängig! Der Wunsch nach Autonomie und Selbstbestimmung ist menschlich. Wenn dieses Motiv aber zur absoluten Forderung wird, dann erzeugen vor allem jene Situationen Stress, in denen die eigene Hilfsbedürftigkeit spürbar werden könnte. Stressverschärfend wirkt hier also nicht das an sich gesunde Streben nach Unabhängigkeit, sondern dessen einseitige Übertreibung.

• Behalte Kontrolle! Wer allzu große Angst vor Kontrollverlust hat, der gerät in Situationen in Stress, in denen andere völlig gelassen bleiben. Selbst kleine Risiken können als große Bedrohung empfunden werden, Entscheidungen in lähmende Unsicherheit stürzen.

• Halte durch! Wenn Zähne zusammenbeißen für einen Menschen die oberste Maxime ist, werden Pausen und Erholungszeiten allzu leicht zur Ausnahme. So treibt sich mancher selbst immer weiter in die Erschöpfung, obwohl die äußeren Umstände einem eigentlich gar nicht so viel abfordern.

Wie stark sind diese Stressverstärker jeweils ausgeprägt?

Sie sind Resultat der im Laufe eines Lebens erworbenen Erfahrungen. Wer etwa als Kind die Erfahrung gemacht hat, dass er mit Ablehnung bestraft wird, sobald er anderen gegenüber seine eigenen Interessen artikuliert, für den wird später das Motiv „Sei beliebt" eine große Bedeutung haben – und es kann immer wieder Stress hervorrufen.

Es gilt also nicht nur, die äußeren Stressoren zu überwinden, sondern auch die inneren Stressverstärker zu entschärfen. Was ist in der Regel bedeutsamer?

Das lässt sich nicht pauschal beantworten. Nur individuell lässt sich beurteilen, wie Innen und Außen konkret zueinander stehen. Und jeder kann das nur für jede Situation aufs Neue für sich entscheiden: Sind die Umstände objektiv herausfordernd – oder setze ich mich gerade selbst unter Druck? Diese Frage ist der erste Schritt auf dem Weg dazu, Stress zu überwinden.

Allein die Frage genügt?

Ja, eigenes Stressmanagement beginnt stets mit einer ehrlichen Analyse. Da geht es nicht um die Frage der Schuld: Habe ich Schuld oder der Chef? Ist es ein Problem der Kollegen oder mein Problem? Nein, es geht darum zu erkennen, wo eigene Möglichkeiten zur Veränderung liegen.

So ernüchternd es klingen mag: Es gibt leider keine allgemeingültigen Ratschläge, keine Patentrezepte. So wie die Entstehung von Stress höchst individuell ist, so muss auch ein gesunder Umgang damit individuell und maßgeschneidert sein. Jeder muss diesen für sich selbst erarbeiten. Und der erste Schritt dahin ist eben, zu erkennen: Woher rührt der Stress – und wo bieten sich Möglichkeiten, damit umzugehen?

»Sind die Umstände **herausfordernd – oder setze ich mich selbst unter Druck?**«

Welche bieten sich an?

Da gibt es mehrere Wege. Zum einen können wir die instrumentelle Stress-

Vorbeugung

Studien belegen, dass wissenschaftlich fundierte Kurse zur Stressprävention oft sehr hilfreich sein können

kompetenz stärken. Kommt man beispielsweise zu dem Schluss, dass die äußeren Stressoren, die beruflichen und privaten Anforderungen, tatsächlich Überhand nehmen, gilt es, die zu verändern und, soweit möglich, zu verringern oder ganz abzubauen. So kann man etwa Arbeitsabläufe überdenken, um Unterstützung bitten, Aufgaben delegieren oder auch einmal ablehnen oder versuchen, Belästigungen wie beispielsweise Lärm zu verringern. Die zentrale Frage dabei lautet: Kann ich etwas an der Situation verändern?

Zum anderen: Kann man seine mentale Stresskompetenz verbessern? Hier lautet die zentrale Frage: Kann ich die Situation anders bewerten, sie mit anderen Augen sehen? Wer erkennt, dass er sich häufig selbst unter Druck setzt, seinen eigenen Erwartungen nicht gerecht wird, kommt nicht umhin, sich die eigenen inneren Stressverstärker bewusst zu machen, sie kritisch zu hinterfragen und in stressmindernde, förderliche Einstellungen zu transformieren.

Also sich etwa „Gut ist oftmals gut genug“ vorzunehmen, statt „Sei perfekt“ zu denken. Oder statt sich „Halte durch“ zu sagen eher einen Satz wie „Ich darf mich ausruhen“.

Das sagen Sie so leichthin. Dabei ist das doch gerade so schwierig.

Ich sage auch nicht, dass das einfach und schnell zu haben wäre. Stressverschärfende Einstellungen haben sich meist über viele Jahre entwickelt und tief im Gehirn verankert – sie sind Teil der Persönlichkeit. Es kann ein langer Weg sein, die innere Haltung zu verändern. Aber es ist der einzige. Und es gehört viel Selbstfürsorge dazu.

Was verstehen Sie darunter?

Selbstfürsorge bedeutet einen bewussten, achtsamen, mitfühlenden, liebevollen Umgang mit sich selbst. Und vor allem, die eigenen Bedürfnisse ernst zu nehmen. Selbstfürsorge besteht aus mindestens drei Dimensionen:

- Selbstachtsamkeit – die Fähigkeit, sich selbst genau wahrzunehmen;
- Selbstakzeptanz – die Bereitschaft, sich so anzunehmen wie man ist, die Stärken wie die Schwächen;
- Selbstmitgefühl – die Kompetenz, mit sich selbst so wohlwollend umzugehen, wie man es mit einem anderen geliebten Menschen tun würde.

Selbstfürsorge ist eine Fähigkeit, die viele erst als Erwachsene einüben müssen. Forscher machen sich daher viele Gedanken darum, wie das gelingen kann. Gute Erfahrungen gibt es etwa mit dem „Mindful Self-Compassion“-Programm, einem achtwöchigen Kurs für „Achtsames Selbstmitgefühl“, das Trainer anbieten.

Warum fällt Selbstfürsorge schwer?

Da gibt es viele Ursachen. Um mal eine herauszugreifen: Nicht wenige empfinden Schuld, wenn sie sich einmal nur um sich kümmern, sie haben dann ein schlechtes Gewissen gegenüber den Eltern, dem Partner, den Kindern, den Kollegen – solange es den anderen nicht gut geht, darf es mir auch nicht gut gehen. Andere neigen dazu, die Verantwortung für ihr Wohlbefinden zu delegieren: Nicht ich, sondern der oder die andere muss oder sollte sich um mein Wohlbefinden kümmern.

Was raten Sie in diesem Fall?

Bernhard von Clairvaux, einer der bedeutendsten Theologen des Mittelalters, hat vor rund 1000 Jahren in einem Brief an den Papst geschrieben: „Wenn also alle Menschen ein Recht auf Dich haben, dann sei auch Du selbst ein Mensch, der ein Recht auf sich selbst hat. Warum solltest einzig Du selbst nicht von Dir alles haben?“

Und er riet ihm: „Gönne Dich Dir selbst. Ich sage nicht: Tue das immer. Ich sage nicht: Tue das oft. Aber ich sage: Tue das immer wieder einmal.“

Das zählt mit zum Klügsten, was ich über dieses Problem gelesen habe.

Tun sich Frauen mit der Selbstfürsorge leichter als Männer?

Frauen haben generell ein besseres Empfinden für ihr körperliches Wohlbefinden. Aber deshalb achten sie nicht besser auf ihre Bedürfnisse als Männer. Im Gegenteil: Meist sind sie es, die sich bis zur Erschöpfung für pflegebedürftige Angehörige einsetzen, sich zwischen Familie und Beruf aufreiben, eigene Bedürfnisse missachten.

So schlecht kann es um die Selbstfürsorge doch nicht stehen. Die Wellnessbranche boomt, immer mehr Menschen belegen Yoga-Kurse und lernen, sanft zu entspannen.

Ja, denn solche Angebote schulen die regenerative Stresskompetenz. Neben den schon erwähnten instrumentellen und mentalen Faktoren ist das die dritte Kraft im guten Umgang mit Stress.

Aber manch einer belegt einen Kurs und wundert sich, dass sich eigentlich nicht allzu viel verändert. Das Grundgefühl, permanent in Stress zu leben, löst sich nicht auf.

Woran liegt das?

Erholung und Entspannung vermögen uns zu einem gewissen Grad zu entlasten. Aber sie können eben den Stress, den wir zu anderen Zeiten empfinden, nicht aufheben. Das gelingt nur, wenn wir alle drei Wege der Stressbewältigung beschreiten. Etwa mithilfe eines Kurses, in dem alle drei Wege aufgezeigt werden. Viele Firmen bieten solche Seminare ihren Mitarbeitern an, aber auch Krankenkassen oder unabhängige Institute. Sie tragen oft Namen wie „Stressbewältigung“ oder „Stressprävention“. Teilnehmer können dort lernen, was genau in ihrem Körper bei Stress geschieht, sich ihre Empfindungen bewusst machen und einen hilfreichen Umgang damit entwickeln.

Wie wichtig ist es, die biologischen Grundlagen von Stress zu kennen?

Niemand muss zum Experten für Stressmedizin werden. Aber es ist sinnvoll zu verstehen: Stress ist ein biologisches Programm unseres Körpers, das sich im Lauf der Evolution entwickelt hat. Dieses Programm folgt Grundprinzipien, aber ist doch auch hoch individuell. Es ist daher wichtig, sich selbst zu beobachten, die eigenen Reaktionen zu erkennen und zu verstehen.

Beim einen zeigt sich der Stress in vermehrtem Appetit, einem anderen wird eher flau im Magen, ein Dritter wird fahrig und zittrig. Dieses Wissen um die eigenen Warnsignale ist nicht nur wichtig für akute Stresssituationen. Es kann auch helfen zu erkennen, wann der Stress zur Dauerbelastung wird.

Gibt es kein allgemeingültiges Warnsignal für chronischen Stress?

Doch. Das wohl deutlichste und am weitesten verbreitete Signal sind Schlafstörungen. Wer über mehrere Wochen nicht mehr gut schläft und sich am Morgen nicht erfrischt fühlt, obwohl er das eigentlich anders gewohnt ist, der droht in chronischen Stress zu geraten. Das biologische Programm hält den Körper dann derart in Alarmbereitschaft, dass er nachts nicht mehr zur Ruhe kommt.

Das ist der erste Schritt hin zu Schlimmerem: Der Betroffene kann in eine Erschöpfungsspirale gelangen, aus der er mit eigener Kraft kaum noch herauskommt. Denn auf die dauernde Müdigkeit folgt oft ein verbissener Kampf, die Leistung weiterhin aufrechtzuerhalten. Doch das führt schließlich in die Eskalation: Es keimt das Gefühl „Ich schaffe es nicht!“, höhere geistige Funktionen blockieren, wir funktionieren nur noch und brennen innerlich gewissermaßen aus. Burnout-Syndrom oder Depression drohen. Um sich dagegen zu wappnen, braucht man ein vernünftiges Stressmanagement.

»Manche neigen dazu, die **Verantwortung für ihr Wohlbefinden zu delegieren**«

Stressmanagement – das klingt eher nach einer weiteren Belastung.

Der Begriff macht deutlich, dass eine langfristig angelegte, umfassende Strategie erforderlich ist. Die umfasst sowohl Maßnahmen, die die Organisation, etwa ein Unternehmen, ergreifen kann, um für stressfreiere Strukturen und Kulturen zu sorgen, als auch die vielen Möglichkeiten, die der Einzelne hat, um seinen Stress zu reduzieren.

Beim individuellen Stressmanagement muss der Einzelne erst einmal Zeit und Mühe investieren. Es erfordert in gewisser Weise Arbeit – und zwar an sich selbst.

Ab wann zeigen sich Erfolge?

Wer einen achtwöchigen, wissenschaftlich fundierten Kurs zur Stressprävention besucht und das Gelernte in dieser Zeit regelmäßig anwendet, der kann besser mit Stress umgehen. Das Gelernte ist verinnerlicht, dahinter kann man nicht mehr zurückfallen. Es gibt aber auch zahlreiche Online-Kurse und Trainings-Apps.

Viele Anbieter werben mit dem Begriff „Achtsamkeit“. Was halten Sie davon?

Das Wort wird derzeit etwas inflationär benutzt. Man sollte sich genau ansehen, was sich hinter dem jeweiligen Angebot verbirgt. Grundsätzlich ist Achtsamkeit aber ein sehr wichtiger Aspekt der Selbstfürsorge. Gemeint ist die Fähigkeit, offen, neugierig und ohne Wertung die Umwelt und die eigenen Empfindungen, Gedanken und Körperreaktionen wahrzunehmen. Es ist ein Sich-bewusst-Sein, was jetzt gerade geschieht.

Wie lässt sich das konkret üben?

Zum Beispiel mithilfe von Autogenem Training, von Progressiver Muskelentspannung oder bestimmten Meditationsverfahren. Als besonders wirksam

Bettruhe

Das wohl deutlichste und am weitesten verbreitete Signal für chronischen Stress sind Schlafstörungen

hat sich die „Achtsamkeitsbasierte Stressreduktion“ erwiesen – ein achtwöchiges Programm, in dem Teilnehmer verschiedene Methoden zur Schulung der eigenen Achtsamkeit lernen und einüben.

Wie gelingt Erholung am besten?

Das hängt stark von individuellen Vorlieben und Möglichkeiten ab. Aber es gibt auch einige allgemeine Faktoren, die Erholung unterstützen. Zunächst kommt es auf das richtige Timing an. Hier gilt: Rechtzeitig und regelmäßig!

Das bedeutet auch, dass man auf erste Anzeichen einer körperlichen oder psychischen Erholungsbedürftigkeit aufmerksam achtet, statt sie so lange wie möglich zu ignorieren.

Welche Form der Erholung dann richtig ist, hängt auch davon ab, welche Form der Beanspruchung wir zuvor erlebt haben. Wer auf der Arbeit den ganzen Tag starken Reizen ausgesetzt ist und abends nervös, aufgekratzt und überreizt ist, der braucht zur Erholung nicht noch weitere Reize, sondern etwas, das ihn zur Ruhe bringt, zum Beispiel Spaziergänge in der Natur oder systematische Entspannungsübungen. Wer hingegen abends eher frustriert und missgelaunt ist, weil er auf der Arbeit zu einseitig gefordert ist, der sollte sich zur Erholung positive Herausforderungen suchen, die ihn stimulieren und ihm Erfolgserlebnisse vermitteln, etwa ein aktives Hobby oder eine Sportart lernen oder etwas Praktisches, Kreatives mit den Händen machen.

Schließlich ist es wichtig, sich in der Erholung von Normen, Ansprüchen und Erwartungen Dritter frei zu machen. Das ist die Voraussetzung dafür, die Freizeit als eigene „freie Zeit“, als „Ich-Zeit“, genießen zu können.

Wie erholen Sie sich persönlich?

In meinem Beruf bin ich einseitig beansprucht: Ich sitze viel, bin oft allein am Schreibtisch, mit Denken beschäftigt. Daher habe ich mir schon vor vielen Jahren als Kontrast dazu Tanzen zum Hobby gemacht; da ist Bewegung, Musik, Gesellschaft. Seit einigen Jahren ist noch das Golfspielen dazugekommen. Da bin ich draußen unterwegs, auch in Bewegung und kann mehr spüren als denken.

Was kann genau in dem Moment helfen, in dem Stress zunimmt?

Akutes Stresserleben und langfristiges Stressmanagement greifen ineinander. Das bedeutet: Je mehr Sie sich langfristig mit Stress auseinandersetzen und die zuvor genannten Kompetenzen üben, desto weniger machtlos werden Sie sich in akut belastenden Situationen fühlen. Das geschieht ganz automatisch. Aber bis es so weit ist, können Sie sich im Moment der Belastung an einer Strategie orientieren, mit der Sie in wenigen Schritten die Kontrolle zurückgewinnen: Annehmen, Abkühlen, Analysieren und Aktion oder Ablenkung.

Wie funktioniert das genau?

1. Annehmen: Das bedeutet, die Situation – etwa eine Zugverspätung, einen Stau, einen cholerischen Chef – und auch die eigenen Reaktionen darauf, zum Beispiel rote Flecken im Gesicht, Schweiß oder Angst, als Realität zu akzeptieren, nur für den Augenblick. Das ist nicht gleichbedeutend mit passivem Hinnehmen, Erdulden oder gar Gutheißen. Vielmehr ist die bewusste Entscheidung gemeint, der Realität ins Auge zu blicken. Es ist der erste Schritt aus der Opferrolle – und aus dem Stress.

2. Abkühlen: Nach dem bewussten „Ja“ zur Situation gilt es, die eigene Mitte wiederzufinden, die Erregung loszuwerden. Das kann ganz unterschiedlich erreicht werden; manchmal genügen schon einige tiefe Atemzüge, anderen hilft es, ein Glas Wasser zu trinken oder den Boden unter den Füßen bewusst zu spüren. Wichtig ist auch hier wieder: sich willentlich für das Abkühlen zu entscheiden.

3. Analysieren: Wenn es uns gelingt, in einer akuten Stresssituation eine annehmende Grundhaltung zu finden und die aufschießende körperliche und emotionale Erregung zu regulieren, ist schon viel gewonnen. Äußerlich mag sich die Situation noch nicht geändert haben, aber wir haben uns innerlich gewandelt. Dann können wir uns fragen: „Was kann ich tun?“ Doch

Strategie

Unangenehme Dinge anzunehmen, so Kaluza, kann der erste Schritt heraus aus der Opferrolle sein – und damit entlastend wirken

LESETIPPS

Gert Kaluza
Gelassen und sicher im Stress
Ein praxisorientierter Ratgeber zum gesunden Umgang mit Belastungen in Beruf und Alltag.
212 Seiten, 19,99 Euro

Dietmar Hansch
Burnout. Mit Achtsamkeit und Flow aus der Stressfalle
Der Internist und Psychotherapeut erklärt vor dem Hintergrund seiner Klinikerfahrung, was jeder Betroffene für sich selbst tun kann.
208 Seiten, 12,99 Euro

Alex Soojung-Kim Pang
Pause. Tue weniger, erreiche mehr
Anhand aktueller Ergebnisse aus verschiedenen wissenschaftlichen Disziplinen erklärt der Autor, wie Unterbrechungen der Routine zu einer Kraftquelle werden können.
352 Seiten, 20 Euro

Hilfestellung

Gert Kaluza leitet das GKM-Institut für Gesundheitspsychologie, eine Beratungs- und Trainingseinrichtung für den Umgang mit Stress

nicht jede Handlungsoption muss gleich umgesetzt werden. Deshalb ist die zweite Frage mindestens ebenso wichtig: „Ist es mir das wert?"

4. Aktion oder Ablenkung: Diese Fragen sollten dazu führen, dass man gezielt Maßnahmen ergreift, um die Situation zu verändern: Man tritt in „Aktion". Oder man unternimmt etwas, um sich von der aktuellen Situation zu distanzieren: Man sucht „Ablenkung". Entweder man kümmert sich also um die Situation – oder um sich selbst. Eine Aktion kann etwa sein, eine Aufgabe zu delegieren. Eine Ablenkung kann darin bestehen, ein Musikstück zu hören oder einen Tee zu trinken, bevor man wieder in Aktion geht.

Warum ist die Frage „Ist es mir das wert?" so wichtig?

Weil sie uns davor schützt, in einer akuten Stresssituation in blinden Aktionismus zu verfallen. Vielleicht kennen Sie das Gebet: „Herr, gib mir die Gelassenheit, die Dinge hinzunehmen, die ich nicht ändern kann, den Mut, die Dinge zu ändern, die ich ändern kann, und die Weisheit, beides voneinander zu unterscheiden." Das mag weise klingen. Aber für mich implizieren diese Worte, dass wir alles ändern sollten, was wir ändern könnten. Auch das erzeugt Stress.

Aktion ist eben nicht immer die bessere Option – und nicht selten machen wir Dinge durch voreilige, überhastete und unüberlegte Handlungen schlimmer. Manchmal ist Ruhe nach dem Motto „Abwarten und Tee trinken" tatsächlich die bessere Alternative.

Ihre Strategie für den Akutfall wirkt wie ein schönes Modell, das in der Theorie funktioniert. Aber taugt sie auch für die Praxis?

Es handelt sich um ein Schema, eine Regieanweisung, an die man sich in einer akuten Situation halten kann. Prägen Sie sich dieses Schema genau ein, spielen Sie es gedanklich – ganz konkret – mit ein paar akuten Stresssituationen durch, die Sie erlebt haben. Und Sie werden sehen: Das nächste Mal, wenn Sie in Stress geraten, wird Ihnen die Strategie in den Sinn kommen – und Sie werden sich ein klein wenig freier fühlen.

Sie persönlich müssen ein sehr stressfreier Mensch sein.

Nein, völlig stressfrei bin ich nicht. Das ist weder möglich noch sinnvoll. Wir brauchen auch die herausfordernden Situationen, in denen wir zwar Stress erleben, aber auch wachsen, lernen, uns weiterentwickeln können.

Es geht ja nicht darum, jeglichen Stress zu vermeiden, sich immerzu nur zu schonen.

Sondern worum?

Um eine gute Balance zwischen Anspannung und Entspannung, ein Gleichgewicht zwischen Phasen der Belastung, des Einsatzes und Engagements, und Zeiten der Erholung und Distanzierung. Es darf also auch mal längere und intensive Anstrengung geben – solange darauf entsprechend lange und intensive Erholung folgt.

Nicht ein völlig anforderungsarmes Leben ist das Ziel: sondern ein solcher lebendiger Rhythmus. ◂

Ursprünglich sollte Yoga besonders der spirituellen Erleuchtung dienen. Inzwischen aber ist die in Indien entstandene Methode der Körperbeherrschung vor allem wegen ihrer gesundheitsfördernden und beruhigenden Wirkung weltweit im Trend

still,

aber nicht starr

Körperliche Aktivität beruhigt, entspannt und ist gut für die Gesundheit – auch dann, wenn sie nicht sportlich rasant und schweißtreibend ist. Techniken wie Yoga, Tai-Chi oder Pilates verschmelzen sanfte Bewegung mit geistiger Versenkung. Und sind für Menschen jeden Alters leicht zu erlernen

TEXT:

Ute **Eberle**
und Bertram **Weiß**

•

ILLUSTRATION:

Claudia **Meitert**

Die schonenden Pilates-Bewegungen können Aktive mit einfachen Hilfsmitteln ausführen

Gut gewappnet gegen Stress sind vor allem jene Menschen, die sich regelmäßig entspannen und dabei gedanklich abschalten. Doch dafür müssen sie dem Tempo des Alltags nicht völligen Stillstand entgegensetzen. Vielmehr kann auch Bewegung dabei helfen, ein Gefühl der Entschleunigung, der achtsamen Kontrolle zurückzugewinnen.

Es muss auch niemand stundenlang joggen, sich täglich auf dem Crosstrainer plagen oder zum Rennradfahren zwingen. Körperliche Aktivität entfaltet ihren beruhigenden und gesundheitsfördernden Effekt auch, wenn sie nicht schweißtreibend ist. Schon tägliche Spaziergänge oder Radtouren können eine positive Wirkung erzielen.

Daneben aber gibt es auch bestimmte, vor allem aus Asien stammende Techniken, die geistige Versenkung mit langsamer und sanfter Aktivität verknüpfen – etwa Yoga, Tai-Chi und Qigong. Die dabei empfohlenen Bewegungen sind mal behutsam, mal schnell, mal dynamisch, mal konzentriert. All das kann helfen, ein Gefühl der Kontrolle zu gewinnen. Die Techniken erzeugen körperliches Wohlsein und ein Bewusstsein dafür, dass man Belastungen nicht hilflos ausgeliefert ist. Denn es gilt, sensibler als in der alltäglichen Wahrnehmung den eigenen Körper zu empfinden, Gedanken zu beobachten, Gefühle zu erspüren.

YOGA

Die kraftvolle Entspannung

Millionen Menschen strecken und biegen ihren Körper regelmäßig nach dieser Bewegungslehre. Doch bei Yoga geht es um mehr als die reine Körperbeherrschung. Das bewusste Konzentrieren auf den Atem etwa ist eines der meditativen Elemente dieser fernöstlichen Praktik. Nicht allein seinen Leib soll ein Yogi trainieren, sondern lernen, in den Gedanken innezuhalten, seinen Geist im Hier und Jetzt zu verankern.

Studien haben ergeben, dass Yoga tatsächlich jene Prozesse abmildert, die bei Stress im Körper ablaufen. Auch verbessern die altindischen Übungen den Schlaf und vermögen den Blutdruck so stark zu senken wie manche Medikamente, so die Erkenntnisse der Forschung. Dabei hat offenbar das konzentrierte Ein- und Ausatmen einen entscheidenden Einfluss: Es verlangsamt den Herzschlag – und ein Gefühl innerer Ruhe breitet sich aus.

Allerdings hat nicht jeder Yoga-Kurs den gleichen Effekt. Dank ihrer großen Popularität wird die Bewegungskunst heute in zahlreichen Varianten angeboten, und keine ist im Prinzip gesünder als die übrigen. Die innere Ruhe und Balance steht vor allem im Mittelpunkt dreier Yoga-Stile:

- Hatha-Yoga ist körperorientiert, bindet aber auch viele Pausen, Atem- und Meditationsübungen ein;
- Kundalini-Yoga kombiniert Bewegungs- und Atemübungen besonders stark mit Meditation und Gesängen;
- Yin-Yoga zielt besonders auf Muskelentspannung und wird vor allem im Sitzen oder Liegen ausgeführt.

Ganz gleich für welche Variante man sich entscheidet: Die Anforderungen an körperliche Flexibilität und Geschicklichkeit können hoch sein. Doch Einsteigerkurse führen Novizen in der Regel sanft an die Bewegungen heran. Wer Gefallen daran findet, kann sich dann nach und nach steigern.

TAI-CHI UND QIGONG

Der stille Tanz

Anders als bei den meisten Yoga-Varianten werden die Posen bei Tai-Chi und Qigong nicht längere Zeit gehalten, sondern gehen ineinander über. Die Bewegungen sollen innere Ruhe fördern und den Fluss der Lebensenergie Qi stimulieren. Atem und Meditation spielen eine wichtige Rolle. Da die langsamen Bewegungsfolgen den Körper bei korrekter Haltung wenig belasten, eignen sie sich gut für Ältere.

Qigong ist dank der einfacheren Bewegungen leichter zu erlernen. Entstanden ist die Bewegungskunst vor 5000 Jahren in China, also etwa zeitgleich mit dem indischen Yoga. Bekannter ist Tai-Chi, eine Art Weiterführung von Qigong. Es entwickelte

Ruhige Bewegung und langsame Atmung sind natürliche Arzneien des Menschen

GUT ZU WISSEN

Forschung

Nachweislich verbessert schon wenig tägliche Bewegung das emotionale Wohlbefinden und die Resistenz gegen Stress.

Achtsamkeit

Sanfte Methoden schaffen ein Bewusstsein für das Hier und Jetzt – und können so alltägliche Belastungen und Sorgen mildern.

Atmung

Wird der Rhythmus der Lunge langsamer, sinken Puls und Blutdruck. Und das Gehirn erhält ein starkes Signal: Entspannung.

Ute **Eberle**

lebt in Baltimore, USA, und ist als Journalistin auf Wissenschaft und Forschung spezialisiert.

Claudia **Meitert**

ist Illustratorin in Regensburg und erlebt am Zeichentisch immer wieder, wie sanfte Bewegungen mit Pinseln und Stiften sie beruhigen.

sich im 17. Jahrhundert zunächst als Kunstform des Nahkampfs. Heute dient es vornehmlich der Gesundheitsvorsorge – und der ganzheitlichen Erfahrung von Körper, Geist und Gefühl.

Da die Posen meist stehend ausgeübt werden, stärken sie zudem das Gleichgewichtsgefühl – eine Fähigkeit, die einem gerade in der Hast des Alltags verloren gehen kann. Einer Studie zufolge erlangen ältere Menschen durch Tai-Chi-Übungen mehr Bewegungssicherheit – und reduzieren das Risiko von Stürzen um fast 50 Porzent.

Zudem müssen Übende bei Tai-Chi komplexe Bewegungsabfolgen verinnerlichen, sodass beim Erlernen der Sequenzen neben dem Körper stets auch der Geist gefordert ist.

FELDENKRAIS

Die sanfte Belastung

Diese von dem Israeli Moshé Feldenkrais entwickelte Methode ist eine besonders milde Bewegungslehre. Es handelt sich dabei nicht um ein Sportprogramm mit vorgegebenen Posen oder Choreografien – vielmehr versuchen die Übenden unter Anleitung eines Lehrers ungünstige Körperhaltungen oder Bewegungen zu erkennen und neue zu verinnerlichen.

Im Gruppentraining gibt der Kursleiter eine Ausgangsposition vor, etwa die Seitenlage. Dann fordert er die Teilnehmer auf, den linken Arm nach vorn und wieder zurück zu führen und dabei die Bewegung zu erspüren – beispielsweise, welche Teile des Körpers sich mitbewegen oder wie viel Kraft man einsetzt. Nach einer Pause, die zur Verinnerlichung der Eindrücke dient, vollziehen die Teilnehmer die Übung in entgegengesetzter Richtung.

Der Kursleiter fragt nun nach möglichen Beschwerden sowie Unterschieden zwischen den beiden Bewegungen. Durch Wiederholung und Vergleich sollen die Aktiven negative Bewegungsmuster erkennen und verändern. In Einzelstunden lenkt ein Lehrer die Bewegungen eines Übenden durch sanfte, gezielte Berührungen.

Feldenkrais-Kurse richten sich vor allem an Menschen, die durch Haltungsschäden oder einseitige Belastun-

Keine abrupten Positionswechsel, keine allzu raschen Bewegungen: Wer Feldenkrais praktiziert, soll unter Anleitung eines Lehrers vor allem ungesunde Körperhaltungen erkennen – und bessere erlernen

Bedächtig sollen die Bewegungen beim Tai-Chi ineinanderfließen. So können Übende Körper und Geist besser wahrnehmen

gen an chronischen Schmerzen leiden. Bislang gibt es kaum Studien zum gesundheitlichen Nutzen der Methode. Doch deutet eine Vielzahl von Erfahrungsberichten auf deren Wirksamkeit hin. Allerdings sollte man darauf achten, dass der Kursleiter zum Feldenkrais-Verband Deutschland gehört. Dann ist sichergestellt, dass der Trainer umfassend ausgebildet ist.

PILATES

Das schonende Training

Der Deutsche Joseph H. Pilates erfand die nach ihm benannte Gymnastikform während des Ersten Weltkriegs, als der gebürtige Rheinländer in einem englischen Internierungslager gefangen war. Dort baute er aus Bettfedern, Pfosten und Möbeln Geräte, mit deren Hilfe seine Mithäftlinge und er sich fit hielten.

Bis heute führt man Pilates-Übungen an bestimmten Geräten, aber auch ohne Hilfsmittel auf Matten durch. In der Regel wiederholt man die Übungen dabei nur wenige Male und versucht sich dabei so stark wie möglich auf den Bewegungsablauf – etwa das langsame Heben eines Beines – und die Atmung zu konzentrieren.

Mehr als bei den anderen sanften Bewegungsformen geht es bei Pilates vor allem um körperliche Fitness, nicht um geistige Übung. Aktive trainieren in erster Linie die tief liegende Rumpfmuskulatur, wie Beckenboden, Bauch und unteren Rücken. Das Training eignet sich für Menschen, die an Rückenschmerzen und Verspannungen leiden, da die Kräftigung des Körperzentrums es erleichtert, die Haltung beim Sitzen, Stehen oder Gehen zu verbessern. Oder für jene, die eine Bewegung suchen, die Ruhe und Wohlbefinden weckt, ohne zu viel Anstrengung zu kosten. Da es keine festen Standards für Pilates gibt, können Kurse voneinander abweichen. Interessierte sollten sich daher an zertifizierte Trainer halten, die Mitglied im Deutschen Pilates Verband sind.

LESETIPPS

Anna Trökes
Das große Yoga-Buch
Ein umfassender Überblick von einer der profiliertesten Yoga-Lehrerinnen in Deutschland.
216 Seiten, 29,99 Euro

Karsten Kalweit
Tai Chi: Das komplette Trainingsbuch
Ein Kompendium zum Nachschlagen, den hohen Preis wert – und auch für Pilates verfügbar.
550 Seiten, 38,00 Euro

Ulrich Ott
Yoga für Skeptiker
Der Psychologe erklärt die wissenschaftlichen Hintergründe der Bewegungslehre – und publiziert demnächst auch ein Buch zur Atmung.
314 Seiten, 19,99 Euro

Alle hier vorgestellten Disziplinen haben miteinander gemein, dass sie von den Übenden in der Regel sehr bedächtig ausgeführt werden, keine zu abrupten Positionswechsel verlangen. Nicht Leistung und Tempo stehen im Mittelpunkt, sondern die langsame, achtsame Bewegung – im Gleichtakt einer tiefen und bewussten Atmung.

Denn im Alltag mag einem das eigene Atmen kaum auffallen. Doch ihm wohnt eine große Kraft inne: Wird sein Rhythmus langsamer und regelmäßiger, senden Lunge, Zwerchfell und Bronchien millionenfach Meldungen Richtung Gehirn. Die Botschaft ist immer die Gleiche: Entspannung.

Puls und Blutdruck sinken dann. Allein durch seinen Willen kann ein Mensch das nicht erreichen. Denn niemand kann dem Herzen befehlen, langsamer zu pochen. Aber jeder kann beschließen, langsamer oder schneller zu atmen. Der Atem schlägt eine Brücke: Er beeinflusst willkürlich, was sonst unwillkürlich geschieht.

Ruhige Bewegung und langsame Atmung sind also gewissermaßen natürliche Arzneien des Menschen, um Stress zu vermeiden oder zu lindern. Sie bieten die Möglichkeit, sich gegen die Beschleunigung des Alltags zu stemmen. Nicht mit Stillstand – sondern mit Aktivität, bewusst und sanft.

Vielfältig

Wer Pilze sammelt, kann die gewaltige Fülle der Natur sinnlich erfahren: Es gibt Hunderte Arten, sie variieren in Farbe und Form, Geruch und Geschmack

die schätze des waldes

Sie gedeihen im Schatten, verbergen sich unter Stämmen, sprießen am Wegesrand oder tief im Gehölz: Wer nach Pilzen sucht, kommt der Natur so nahe wie selten – und entdeckt eine erstaunliche Vielfalt. Der Experte Dietmar Krüger erklärt, wann und wo Sammler den besten Erfolg haben

Erholsam

Zwischen Moos, Bäumen und Büschen findet der Mensch Ruhe – und mit Glück und Geduld auch Delikatessen

Verborgen

Pilze gedeihen dort, wohin wir nur selten schauen: zu unseren Füßen

Ursprünglich

Waldpilze zählen zu den wenigen essbaren Gewächsen, die der Mensch nicht durch Zucht verändert hat

INTERVIEW:

Rainer **Harf** und Sebastian **Witte**

GEO WISSEN: ***Herr Krüger, Speisepilze gibt es vor allem im Herbst. Aber Sie suchen sie auch jetzt, im Frühsommer?***

DIETMAR KRÜGER: Pilzesammeln erfreut sich wieder großer Beliebtheit, denn sie sind schmackhaft, gesund – und ermöglichen vielen Menschen einen leichten, sinnlichen Zugang zur Natur. Gerade Stadtbewohner begeistern sich mehr und mehr für Ausflüge in die Natur, bei denen sie nicht nur Erholung finden, sondern auch noch etwas mit nach Hause nehmen können.

Beim Pilzesammeln kommt vieles zusammen: Entspannung und Entschleunigung, Sammelleidenschaft und Sinnlichkeit. Aber viel Wissen von früher ist leider verloren gegangen. Zum Beispiel: Speisepilze sind ganzjährig im Wald zu finden – nicht bloß im Herbst.

Es stimmt zwar, dass gerade im Herbst viele Pilze aus dem Boden schießen, was daran liegt, dass die meisten Pilze Zersetzer sind, gewissermaßen die Abfallbeseitiger des Waldes. Und vor allem spät im Jahr, wenn das Laub fällt und die Böden ausreichend feucht sind, ist der Tisch für diese Arten reich gedeckt. Doch viele dieser im Herbst wachsenden Pilze sind für

Lieblingsplatz

Welcher Pilz bevorzugt welchen Untergrund? Experte Dietmar Krüger gibt sein Wissen bei Lehrwanderungen weiter – etwa wie hier im Frankfurter Stadtwald

uns gar nicht genießbar. Und wer dann erst in den Wald geht, hat das Beste bereits verpasst. Denn im Frühling beginnt die Morchel-Saison, auch gibt es schmackhafte Maipilze und Porlinge. Im Juni wachsen dann schon vermeintliche Herbstpilze, etwa Sommersteinpilze und Blasse Pfifferlinge.

Worauf ist zu achten, wenn man keine Erfahrung hat?

Da viele auch unscheinbar wirkende Spezies ungenießbar sind und zu leichten bis lebensbedrohlichen Vergiftungen führen können, geht es nicht ohne entsprechendes Wissen: Was wir als Nahrung zu uns nehmen, müssen wir zweifelsfrei identifizieren, bestimmen. Das kann ich nur lernen, wenn es mir jemand korrekt beibringt.

Daher empfehle ich jedem, der sich nicht auskennt, beispielsweise eine Pilzschule zu besuchen, in der zertifizierte Experten die nötige Fachkenntnis vermitteln. Eine andere Möglichkeit sind Volkshochschulen oder Naturschutzverbände, die Pilzwanderungen anbieten.

Wichtig ist, sich nur an Experten mit einem offiziellen Sachverständigenausweis zu halten – etwa von der Deutschen Gesellschaft für Mykologie.

Dort sind auch Sie Berater. Was fasziniert Sie so sehr an Pilzen?

Es sind überaus beeindruckende Wesen, die ein eigenes Reich des Lebens bilden, weder Pflanze noch Tier sind. Es handelt sich um Organismen, die im Wesentlichen aus einem großen Netz hauchzarter Fäden bestehen, die sich teils Hunderte Meter weit in den Waldboden erstrecken. Das, was wir mit bloßem Auge als Pilze wahrnehmen, sind also nur kleine Teile riesiger Lebewesen.

Zudem sind die Fruchtkörper, also die oberirdischen Organe der Pilze, eine oft verkannte Delikatesse. Bei meinen Seminaren und Wanderungen erlebe ich immer wieder, wie erstaunt viele Menschen über die Vielfalt schmackhafter Pilze in deutschen Wäldern sind.

Dietmar **Krüger**

Der zertifizierte Pilz-Sachverständige der Deutschen Gesellschaft für Mykologie (www.derpilzberater.de). empfiehlt für Laien das Bestimmungsbuch »Pareys Buch der Pilze« (antiquarisch erhältlich, erschienen im Kosmos Verlag).

Welche Pilze empfehlen Sie?

Ich finde Parasolpilze fantastisch, das sind hochwachsende Riesenschirmlinge, sehr ergiebig, nussig im Geschmack. Der Hut lässt sich gut panieren – für mich das beste vegetarische Schnitzel.

Oder die Krause Glucke, deren ockergelblicher Fruchtkörper mit seinen krausen Verzweigungen an einen Badeschwamm erinnert. Die Fruchtkörper werden zehn bis 40 Zentimeter breit und mehr als fünf Kilogramm schwer. Als Wurzelparasiten von Nadelhölzern findet man sie vor allem auf Kiefern. Der Pilz hat einen unverwechselbaren Geruch, sein Geschmack erinnert an Walnüsse.

Die Bandbreite der Aromen ist immens. Und vor allem: Für mich zählen Pilze zu den ehrlichsten und wichtigsten Lebensmitteln.

Wieso das?

Anders als die meisten vegetarischen Lebensmittel sind Waldpilze nie von Menschenhand beeinflusst oder durch Züchtung verändert worden. Wenn ich darauf achte, was ich sammle und wo ich sammle, kann ich meiner Gesundheit sehr viel Gutes tun. Viele Pilze enthalten reichlich Vitamine. Einige haben besondere Zuckerverbindungen, von denen man weiß, dass sie schädliche freie Radikale im Körper bekämpfen. Daher spielen diese Pilze, etwa der Shiitake, in der Traditionellen Chinesischen Medizin eine große Rolle. In Japan stellt man aus ihnen sogar ein Anti-Krebs-Mittel her.

Weshalb sind manche Pilze giftig, andere dagegen nicht?

Pilze stellen eine Fülle potenter Wirkstoffe her, um überleben zu können – schließlich besitzen sie keinerlei mechanische Abwehrwaffen. Auch fehlen ihnen Zähne, Magen und Darm, um ihre Nahrung zu erschließen. Viele Pilze produzieren daher Eiweißstoffe, die sie ausscheiden und mit deren Hilfe sie komplexe organische Verbindungen in kleinere Moleküle aufspalten. Dank dieses Tricks können sie die Nahrung quasi außerhalb ihres Körpers zerlegen – und benötigen keine Verdauungsorgane. Die aufgespaltenen Moleküle, die etwa von Blattlaub stammen, nehmen sie einfach mithilfe von Flüssigkeit in ihr Inneres auf.

»Wer erst im Herbst Pilze sucht, hat das Beste schon verpasst«

Das chemische Arsenal der Pilze kann in dem einen Fall Segen für den Menschen sein, in dem anderen Fluch.

Welche Stoffe sind nützlich?

Der Pilz *Penicillium notatum* etwa produziert eine Substanz, die Bakterien abtötet und so zum ersten Antibiotikum der Menschheit wurde. In der asiatischen Naturheilkunde sind bis heute viele verschiedene therapeutisch wirksame Pilze bekannt, die dort teilweise sogar in der Krebstherapie eingesetzt werden. Die Substanzen anderer Pilze dagegen sind oft hochgiftig und werden unkundigen Sammlern zuweilen zum Verhängnis.

Gibt es Faustregeln? Etwa: Pilze mit rotem Hut sind immer giftig.

Nein. Daher muss sich ein Sammler unbedingt eingehend mit den jeweiligen Arten beschäftigen. Es genügt ja, beim Sammeln mit jenen Pilzen zu beginnen, die man gut kennt.

Was halten Sie von Apps, die bei der Pilzbestimmung helfen?

Ich rate davon ab, sich auf Angaben in Online-Foren oder auf eine Software zu verlassen. Wer das tut, nimmt das nicht ernst genug. Die eigene Expertise ist unabdingbar. Eher kann ich ein seriöses Bestimmungsbuch empfehlen, das im Zweifelsfall zur Klärung beiträgt. Da die Verwechslungsgefahr sehr groß ist, muss ich mir wirklich sicher sein, ob ich ein genießbares Exemplar in Händen halte – oder ein giftiges, das womöglich fast identisch aussieht.

Können Sie ein Beispiel nennen?

Das Stockschwämmchen, ein kleiner Pilz mit braunem Hut und fantastischem Aroma, ähnelt stark dem gefährlichen Gifthäubling. Man kann beide Arten anhand bestimmter Kriterien wie Geruch, Beschaffenheit verschiedener Teile des Fruchtkörpers oder Textur auseinanderhalten – dabei ist es jedoch unabdingbar zu wissen, was genau es zu prüfen gilt. Und dafür reicht es eben nicht, ein Foto mit einer Datenbank abzugleichen. Diese Expertise muss sich jeder selber aneignen – und zwar am besten auf einer oder mehreren mehrtägigen Veranstaltungen. Denn die nötige Erfahrung erwirbt man nur durch eine gewisse Regelmäßigkeit.

Ich biete Wochenendkurse an, die nicht nur aus Lehrwanderungen im

Leckerbissen

Der Trompetenpfifferling gilt als köstlicher Speisepilz – und duftet zudem angenehm fruchtig

Suchspiel

Pilzesammeln eignet sich auch als Ausflug für die ganze Familie: Gerade Kinder lieben das Stöbern und Stromern im Wald

Jahreslauf

Im Herbst mag die Beute am größten sein, doch schon im Frühling beginnen die ersten Pilze zu sprießen

Verarbeitung

Wie alle Pilze sollten auch Austernpilze rasch verzehrt werden. Andernfalls können giftige Substanzen entstehen

Wald bestehen. Die Teilnehmer lernen zudem, was sie bei der Zubereitung von Pilzen beachten müssen. Denn so erstaunlich es klingen mag: Viele Vergiftungen gehen nicht auf giftige Pilze zurück, sondern auf den falschen Umgang mit dem Lebensmittel Pilz.

Was ist dabei zu beachten?

Pilze bestehen unter anderem aus Eiweiß, und das zersetzt sich nach dem Ernten recht schnell. Da entstehen oft schädliche Substanzen, die zu einer Lebensmittelvergiftung führen. Daher müssen Pilzfruchtkörper immer frisch verzehrt werden.

Kürzlich wurde ich als Sachverständiger in zwei Fällen herangezogen, bei denen jeweils eine ältere Dame Pilze auf dem Markt gekauft hatte, die bereits angeschimmelt waren. Einmal handelte es sich um Pfifferlinge, einmal um Steinpilze – beides im Grunde unbedenkliche Speisepilze. Dennoch musste abends der Notarzt kommen. Dass Fleisch und Fisch schnell vergammeln, haben wir alle gelernt – bei Pilzen aber ist selbst rudimentäres Wissen oftmals nicht vorhanden.

»Pilze zählen für mich zu den wichtigsten und ehrlichsten Lebensmitteln«

Gibt es weitere Besonderheiten?

Man muss wissen, dass viele Pilze, die wir gern essen, roh giftig sind. Ich darf in Maronen, Morcheln, Perlpilze oder einen Hallimasch nicht einfach reinbeißen wie in einen Apfel. Wenn ich das tue, wird es zu ernsthaften gesundheitlichen Problemen kommen. Diese Pilze müssen – anders als etwa Champignons – vor dem Verzehr richtig gegart werden. Von Bohnen und Kartoffeln wissen wir dies, bei Pilzen zucken viele mit den Schultern. Die Missverständnisse beginnen oft schon beim Grundsätzlichen. So vermuten nicht wenige, mit Pilzen würden sie pflanzliche Nahrung zu sich nehmen.

Was unterscheidet einen Pilz von einer Pflanze?

Pflanzen zeichnen sich dadurch aus, dass sie in ihren Blättern Photosynthese betreiben. Dabei bilden sie mithilfe der Energie des Sonnenlichts aus Wasser und Kohlendioxid Zucker – eine Substanz, die den Gewächsen unter anderem als Baustoff für ihre Zellen dient.

Auch Pilze benötigen Zucker zum Leben, allerdings können sie keine Photosynthese betreiben. Daher leben einige von ihnen seit Jahrmillionen in einer engen Partnerschaft mit Bäumen: Ihre hauchfeinen Fäden, die oft nur wenige Tausendstel Millimeter dünn sind, umschlingen die Wurzeln der Pflanzen, dringen zum Teil in sie ein, wachsen gleichsam mit ihnen zusammen und leiten so Flüssigkeit und Nährsalze an die Gewächse weiter. Im Tausch erhalten die Pilze Zucker, den sie selber nicht produzieren können.

Wie verhindern die Partner, dass der eine den anderen ausnutzt?

An den Kontaktstellen haben Baum und Pilz im Laufe der gegenseitigen Anpassung ein komplexes Transport- und Kontrollsystem entwickelt, um den Austausch zu steuern. Kommen vom Pilz zu wenig Nährstoffe, kappt die Pflanze die Zuckerversorgung. Erst wenn der Pilz liefert, erhält er auch die Gegenleistung.

Wie viele Pilzarten existieren in mitteleuropäischen Wäldern?

Mehr als 10 000. Manche können mit einer Vielzahl verschiedener Partner zusammenleben, andere haben sich auf eine Pflanzenart spezialisiert. So tritt beispielsweise der Graue Lärchenröhrling ausschließlich mit Lärchen in Symbiose, die auf kalkreichem Untergrund stehen, und der Kiefernsteinpilz bevorzugt mit Kiefern. Andere Pilze dagegen sind weniger wählerisch. Einige Arten werden nur wenige Millimeter groß, andere so voluminös wie ein Fußball. Doch ob Kleiner Helmling oder Riesenbovist: Was wir am Waldboden entdecken, ist stets nur die Spitze eines sehr viel größeren Organismus, der unter der Erde existiert.

Sind die Pilzgeflechte auch untereinander verknüpft?

Nicht nur das: Häufig verbinden sogar mehrere unterirdische Geflechte nahezu alle Bäume aus der Umgebung zu einem riesigen Netz, über das die verschiedenen Pflanzen Nährstoffe und Informationen austauschen.

Dieses Netz dient zum Beispiel der gegenseitigen Fürsorge: So haben Forscher entdeckt, dass manche ausgewachsenen Bäume Nährstoffe durch die Pilzgeflechte bis zu den Jungpflanzen leiten, die am Waldboden kaum Sonnenlicht für die Photosynthese erreicht. Die Alten unterstützen auf diese Weise die Jungen.

Wissenschaftler beginnen aber gerade erst nach und nach zu entdecken, an welchen Vorgängen Pilze im Waldboden beteiligt sind.

LESETIPPS

Robert Hofrichter
Das geheimnisvolle Leben der Pilze
Der Biologe erzählt anschaulich und faktenreich aus einer verborgenen Welt.
240 Seiten, 19,99 Euro

Anna Carlile
365 Tage Natur: fühlen, schmecken, entdecken
Liebevoll gestaltete Ideen, was sich neben Pilzen noch alles auf Ausflügen in die Natur sammeln lässt.
240 Seiten, 29,95 Euro

Anna Lowenhaupt Tsing
Der Pilz am Ende der Welt. Über das Leben in den Ruinen des Kapitalismus
Naturgeschichte und Gesellschaftskritik: Porträt des wertvollen Matsutake-Pilz, der auf industriell verwüsteten Böden gedeiht.
448 Seiten, 28 Euro

Verwechslung

Essbare und giftige Pilze ähneln einander oft stark. Anfänger sollten jeden Fund daher sehr gründlich überprüfen

Sieben Delikatessen

Schon im Frühsommer lassen sich die ersten Köstlichkeiten im Wald entdecken

Speisemorchel

Dieser beliebte Frühjahrspilz wächst in der Regel von April bis Juni und entfaltet einen besonderen Geschmack, mal erdig, mal fruchtig. Unerfahrene Sammler verwechseln ihn aber leicht mit der giftigen Frühjahrslorchel.

Maipilz

Ob auf Wiesen, Wegrändern oder im Wald: Im Mai ist dieser Pilz (auch »Georgsritterling« genannt) an vielen Orten in großer Menge zu finden. Allerdings ist er leicht mit Giftpilzen wie etwa dem Riesen-Rötling zu verwechseln.

Morchelbecherling

Manch einen mag der typische Geruch nach Chlor abschrecken, doch Kenner wissen: Beim Garen vergeht diese Note sofort – und der typische Frühjahrspilz entfaltet einen Wohlgeschmack, der den der Speisemorchel für manchen Genießer noch übertrifft.

Blasser Pfifferling

Aufgrund der Farbe ist er oft schon aus der Ferne zu erkennen, auch wenn diese Art deutlich blasser ausfällt als andere. Pfifferlinge – der Name deutet es an – haben einen pfeffrigen Geschmack. In manchen Wäldern, zum Beispiel an Rotbuchen, zeigen sie sich bereits in den ersten Juni-Tagen.

Schuppiger Porling

An abgestorbenen oder geschwächten Laubbäumen ist er vom Frühjahr bis in den Sommer hinein zu finden. Allerdings lohnt sich das Sammeln früh im Jahr: Vor allem junge Exemplare sind genießbar, je größer, desto zäher sind sie.

Schopftintling

Er erscheint im Frühsommer auf Wiesen und besticht durch seinen zarten Geschmack. Nach dem Pflücken muss er allerdings rasch verarbeitet werden, sonst verfärbt er sich von den Huträndern her tintenschwarz.

Sommersteinpilz

Intensiver Geschmack und Festigkeit machen die Steinpilze zu begehrten Speisepilzen. Schon kleine Mengen verleihen Gerichten eine herzhafte Note. Zu finden ist der Pilz bereits ab Juni bei seinen Baumpartnern.

Sammlerglück

Essbare Waldpilze enthalten viele gesunde Substanzen, darunter Proteine, Mineralien und Vitamine

Wozu müssen Pilze überhaupt an der Oberfläche existieren?

Man muss sich klar machen: Die Fruchtkörper, die wir im Waldboden sehen, sind Strukturen, die der Pilz einzig zur sexuellen Vermehrung entwickelt. Zwar können sich Pilze auch ungeschlechtlich ausbreiten, etwa dadurch, dass ein Tier einen Teil ihres Fadengeflechts an eine andere Stelle verfrachtet – der Pilz wächst dann einfach als Klon seiner selbst weiter.

Doch um ihr Erbgut immer wieder zu vermischen und so die genetische Vielfalt zu erhöhen, haben auch Pilze – wie andere Lebewesen – von Zeit zu Zeit Sex. Dazu müssen im Erdreich die Pilzfäden zweier gegengeschlechtlicher Artgenossen aufeinandertreffen und zu einem neuen Individuum verschmelzen. Und irgendwann durchstoßen die vereinigten Fäden die Bodenoberfläche und bilden dort einen Fruchtkörper.

Was geschieht dann?

Im Fruchtkörper befinden sich Bereiche, in denen das Erbgut der beiden Elternpilze gemischt und auf Sporen verteilt wird – der eigentliche Sinn des geschlechtlichen Aktes. Die Sporen sind mikroskopisch klein und unglaublich zahlreich: Ein einziger Bovist vermag mehrere Billionen Sporen auszustoßen. Aus jedem Einzelnen kann, sofern er auf geeignetes Substrat fällt, ein neuer Pilz entstehen. Eine extrem erfolgreiche Verbreitungsstrategie.

Wie groß kann ein Pilz werden?

Solange ein Pilz etwas zu fressen findet, wächst er immer und immer weiter. Vor einigen Jahren entdeckten Wissenschaftler im US-Bundesstaat Oregon einen 900 Hektar großen, vermutlich 600 Tonnen schweren und angeblich 2400 Jahre alten Hallimasch, der oberirdisch durch honiggelbe Hüte in Erscheinung tritt. Dieser Pilz gilt seither als größter Organismus der Erde. Allein: Mit bloßem Auge ist von diesem Riesen – bis auf einzelne Fruchtkörper – nichts zu sehen.

Gibt es solche Giganten in Deutschland?

Bislang hat niemand ein solches Exemplar hierzulande entdeckt. Aber auch in unseren heimischen Wäldern wuchern viele Arten beständig weiter. So kann es vorkommen, dass ein Kubikzentimeter Waldboden Hunderte Meter Pilzfäden enthält.

Die Allgegenwart der Pilze lässt viele Biologen annehmen, dass die Pflanzen ohne die Unterstützung aus dem Untergrund gar nicht in der Lage gewesen wären, die Landmassen der Erde zu besiedeln. Das bedeutet: Wer einen Wald betritt, wandelt stets durch ein Reich verborgener Helfer. ◂

Mein Moment

Wie Menschen die Zeit vergessen

Wenn die **Fliegenfischerin** Silja Longhurst mitten im Wasser steht und die Rute auswirft, fühlt sie sich eins mit der Natur (siehe Seite 156)

PROTOKOLLE:

Elisabeth **Hussendörfer**

Wie finde ich Ruhe im Alltag? Was kann ich tun, um das Tempo zu drosseln, zumindest für eine kurze Zeit? Fast jeder stellt sich zuweilen diese Fragen. So vielfältig die Ursachen für Stress sind, so individuell sind die Wege, damit umzugehen. Acht Frauen und Männer erzählen, wofür sie sich Auszeiten nehmen, welche Erfahrungen sie dabei machen – und wie es ihnen gelingt, das Leben mit allen Sinnen zu spüren

In der **Stille der Werkstatt**

Sebastian Bülowius, 36, Essen

Eine Säge, ein paar Nägel, ein Hammer – eigentlich war das Werkzeugset, das ich zu meinem fünften Geburtstag bekam, nichts Besonderes. Und doch sollte es für mich gleichsam ein Schlüssel in eine neue Welt werden.

Anfangs waren es abenteuerliche Hütten, die ich im Garten zusammenzimmerte. Dann kamen Einrichtungsgegenstände hinzu: ein Hocker, ein Tisch. Als Jugendlicher habe ich mir später Regale und DJ-Pulte gebaut. In den Keller zu gehen, das war zuerst ein Ausgleich zur Schule, dann auch bei der Berufsausbildung.

Einige Zeit bin ich kaum noch zum Möbelbau gekommen, aber die Sehnsucht nach dem Handwerk ist geblieben. Meine jetzige Tätigkeit hat mir wieder Raum dafür gegeben. Ich habe eine Werkstatt in einer Halle in einem Industriegebiet angemietet: 100 Quadratmeter, Tischkreissäge, Oberfräse – ein Paradies gewissermaßen.

Dort beschäftige ich mich jetzt oft nach Feierabend und fast an jedem Wochenende mit dem Bau von Möbeln. Am Anfang ist da nur eine Idee. Nichts Haptisches, nur ein Impuls. Dann vertiefe ich mich in Konstruktionszeichnungen, überlege, wie ich mein Ziel am besten erreiche, welches Holz ich wähle. Wenn ich mit dem Material arbeite, bin ich mit allen Sinnen dabei: Ich taste mit den Fingerkuppen, studiere mit den Augen die Maserung, rieche auch immer mal daran.

Ganz allmählich wird aus meiner Vorstellung so Wirklichkeit. Ein wenig ist es wie damals, als ich als kleiner Junge im Garten stand und staunte, was aus einem Einfall entstehen kann.

Das Schönste ist der Moment, wenn etwas fertig ist. Ein Hocker. Eine Bank. Eine Stehlampe. Erfrischt und inspiriert fühle ich mich, wenn ich aus der Halle komme, selbst dann, wenn ich die ganze Nacht dort verbracht habe.

Am Wochenende fertigt Sebastian Bülowius in seiner Werkstatt Möbel nach eigenen Entwürfen

Schon als Jugendlicher hat der Hobbyschreiner mit Holz gearbeitet, heute stellt er unter anderem Stühle und Stehlampen her

Unikate nach Maß: Stets überlegt sich Bülowius genau, welches Holz zu welchem Möbelstück am besten passt – und achtet bei der Fertigung schließlich darauf, dass Maserung und Ton des Materials bestmöglich zur Geltung kommen

Regelmäßig treffen sich Männer, Frauen und Kinder (hier in Dänemark), um bei Rollenspielen in eine andere Zeit zu tauchen – die der Wikinger

Daniel Nielsen spielt in seiner Freizeit einen Wikinger, um sich selbst einmal ganz anders zu erleben

Wenn die **Vergangenheit erwacht**

Daniel Nielsen, 26, Malmö, Schweden

Wenn ich mich am Wochenende mit Freunden aus der Wikinger-Szene treffe oder wir quer durch Europa zu Trainingscamps reisen, nehmen wir die Details sehr genau. Wir haben vorher präzise studiert, was die Menschen damals getragen haben, wie sie lebten, aßen, schliefen. Und wir haben Spaß daran, uns über historische Erkenntnisse auszutauschen.

Alle Mitspieler konzentrieren sich dabei darauf, was sie besonders begeistert. Manche üben sich in handwerklichen Fähigkeiten, versuchen, die Techniken der Wikinger einzusetzen. Andere mögen es, Handel zu treiben. Mich reizt am meisten der Kampf, meine Waffen sind Schwert und Schild. Auf dem Kampfplatz kann ich den eigenen Körper mal richtig spüren.

Wenn wir Schlachten austragen, ist alles vermutlich genau so, wie es damals war. Darauf achten wir penibel. Denn manches Mal werden wir auch von Museen zu besonderen Veranstaltungen eingeladen, um die Geschichte als Reenactment lebendig werden zu lassen.

Ich habe als 18-Jähriger mit ähnlichen Spielen angefangen, vor allem, um mein Ich eine Zeit lang abzustreifen. Es ist spielerisch, aber gewinnt an Ernst: Ein wenig wird man zu demjenigen, den man darstellt. Ich habe das zuweilen über Monate durchgehalten. Heute spiele ich nicht mehr so sehr, um ein anderer zu werden.

Ich bleibe immer Daniel, der einen Wikinger darstellt. Mir ist wichtig, mich einzufühlen, mit allen Sinnen zu erkennen, wie wandlungsfähig der Mensch ist.

Das schafft Abstand zum Alltag. Aber noch bedeutsamer ist mir: Es verändert meinen Blick auf die Welt, meinen Umgang mit anderen Menschen. Das Rollenspiel hat mich gelassener und empathischer gemacht. Ich hoffe sehr, das wird mir eines Tages im Berufs- und vielleicht auch Familienleben zugutekommen.

Geschirr, Kleidung, Essen: Jedes Detail soll der historischen Wirklichkeit entsprechen

Wohltuender Rollenwechsel: Eine Zeit lang eine neue Identität annehmen – ohne die alte ganz aufzugeben

Im Wikinger-Lager erlebt Daniel Nielsen, was ihm im Alltag manchmal fehlt: ein Gefühl von Zusammengehörigkeit

Am meisten begeistert sich Nielsen für den Kampf: Oft übt er mit Schwert und Schild

Eigentlich widmet sich Fabio Luisi als Dirigent vor allem einem Sinn, dem Hören. Doch in seiner Freizeit begeistert er sich für das Riechen – und entwickelt eigene Parfums

Mit der Nase die **Welt entdecken**

Fabio Luisi, 59, Herrliberg, Schweiz

Mit 13 Jahren habe ich mir von meinem Ersparten ein erstes Parfum gekauft. Düfte auszuprobieren und zu vergleichen ist seither meine Leidenschaft. Aber erst Jahrzehnte später wurde daraus auch ein ernsthaftes Hobby.

Vor sechs Jahren, ich lebte damals in New York, stieß ich auf einen Fachbeitrag über eines der ältesten Parfumhäuser der Welt. Darin wurden die wissenschaftlichen Hintergründe der Parfumherstellung erläutert. Für jemanden wie mich, der als hauptberuflicher Dirigent Oberflächliches hasst, war das wie ein Weckruf. Ich ahnte, dass die tiefe Auseinandersetzung mit Düften eine wunderbare Chance sein konnte.

Ein betagter New Yorker Parfumeur hat mich dann zweimal wöchentlich unterrichtet, als Privatstudent sozusagen. Ich lernte zu analysieren, ob ein Duft eher in die Nase hineingeht oder sie sanft umhüllt. Ob er scharf ist oder eher mild. So ganz nebenbei erfuhr ich vieles über einen Sinn, der wenig beachtet wird und der stark über das Unbewusste wirkt, Erinnerungen weckt, von Situationen und Orten erzählt.

Schon in New York hatte ich mein erstes eigenes kleines Labor – und auch jetzt in der Schweiz, wo ich nun lebe. An Tagen, an denen ich daheim bin, gehören der Gang ins Labor und das Entwickeln neuer Düfte einfach dazu. Und wenn ich heute auf Konzertreise bin, ist das anders als früher. Jeder Saal riecht ein wenig anders. Die älteren mehr nach Menschen, die neueren stärker nach Materialien. Jedes Land, jede Straße, jeder Garten riecht anders. Neugieriger als zuvor bin ich heute in der Welt unterwegs.

An einem bestimmten Parfum arbeite ich jetzt schon seit zweieinhalb Jahren und bin immer noch nicht zufrieden. Dieses stetige Weiterentwickeln und die Erweiterung der eigenen Wahrnehmung sind immer wieder herausfordernd – und wunderschön.

Die Kunst des Parfummachens hat sich Luisi selbst beigebracht. Nur am Anfang zeigte ihm ein erfahrener Meister die ersten Schritte

An manchen Duftkreationen arbeitet Luisi jahrelang. Zugleich schult und erweitert er seinen Sinn für feine Nuancen

Myrrhe aus Äthiopien, Sandelholz aus Indien, Ambra aus Neuseeland: Für seine Rezepturen verwendet Luisi edle Substanzen

Ein Wort, ein Gefühl, ein Klang: Ganz unterschiedlich lässt sich Luisi für seine Kreationen inspirieren, die er nur in kleiner Menge herstellt

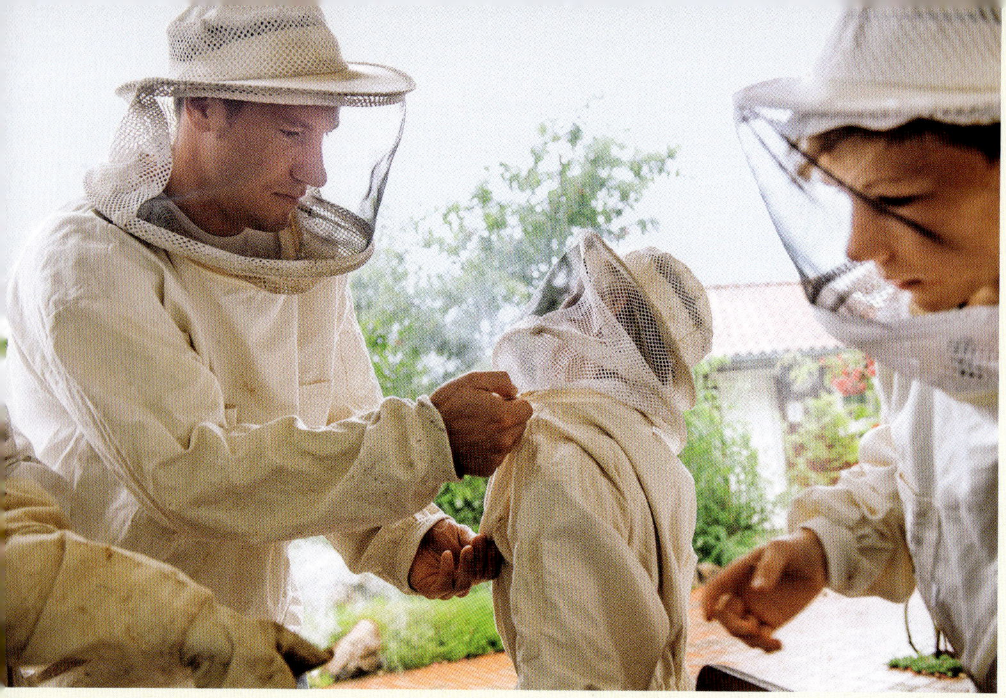

Gemeinsam mit seinen drei Kindern hegt Benjamin Wroblewski mehrere Bienenvölker

Auch für den Nachwuchs ist Imkern ein Abenteuer – solange er gut geschützt ist

Am Verhalten der Tiere kann Wroblewski erkennen, ob im Bienenstaat alles in Ordnung ist

Nach einem anstrengenden Schultag besucht der Lehrer als Erstes seine Bienenstöcke

Im Rhythmus **der Bienen**

Benjamin Wroblewski, 41, Amelinghausen

Das süße Gold der Bienen, der Honig, lässt sich direkt aus den Wachswaben saugen

Ich bin Lehrer, und das ist häufig sehr fordernd. Wenn ich aus der Schule komme, gehe ich oft als Erstes in den Garten, setze mich auf eine Bank vor die Bienenkästen und höre dem Summen zu; dann löst sich alle Anspannung. Mit den Bienen öffnet sich mir – und meiner ganzen Familie – eine Art Parallelwelt zum oft anstrengenden Alltag.

Im März oder April, je nach Witterung, werden die Bienen aktiv. Gern mache ich dann meine Runde, hebe mal einen Deckel von einem Bienenkasten und entnehme – während die meisten Tiere unterwegs sind – vorsichtig die Holzrähmchen, um zu sehen, ob bestimmte, speziell geformte Zellen in den Waben vorhanden sind. Sie sind ein Anzeichen dafür, dass die Königin kurz davor ist abzuschwärmen, mit ihrem Volk und allem, was die Bienen tragen können – sprich: mit Honig. Weil ein Imker das natürlich nicht will, entferne ich die Zellen.

Im Sommer schaue ich gern zu, wie Pollen und Nektar eingeflogen werden. Bei schönem Wetter sind die Bienen ständig im Einsatz. Inzwischen kann ich schon allein durch Beobachtung ihres Verhaltens erkennen, ob bei einem Volk alles in Ordnung ist.

Im Juni ernte ich den ersten Honig: Ich entnehme die Holzrahmen mit den Waben, streife die Bienen vorsichtig ab und schleudere die Rahmen dann in einer speziellen Zentrifuge. Heraus fließt schließlich das flüssige Gold. Welch ein Genuss!

Ab September wird es zwar ruhiger, aber auch im Herbst und Winter gehören die Bienen zu meinem Alltag. Sie müssen dann mit Sirup gefüttert werden, da sie sonst nach der Honigernte keine Nahrung mehr haben. Ich repariere in der kalten Jahreszeit defekte Holzrähmchen, gieße neue Mittelwände und auch Kerzen aus Wachs.

So habe ich das ganze Jahr über immer wieder eine Möglichkeit, der Hektik des Alltags zu entfliehen – und kann zugleich etwas Gutes tun: dem fortschreitenden Insektensterben entgegenwirken.

Wroblewskis Familie reizt es, den Wechsel der Jahreszeiten mit den Bienen zu erleben

Mit seiner Grappa-Destille kann Philipp Maußhardt die Zeit vergessen – und taucht ein in eine Welt aus Duft, Geschmack und Wärme

Eine wundersame **Verwandlung**

Philipp Maußhardt, 59, Reutlingen

Wie aus den braunen, schlammigen Rückständen der zerstampften Trauben, der Maische, allmählich eine glasklare Flüssigkeit wird, ist jedes Mal wie ein kleines Wunder. Anfangs gebe ich etwas Zucker hinzu, damit die Maische zu gären beginnt. Ab und zu rühre ich sie um, damit sich keine Schimmelpilze bilden. Schließlich kann das Brennen beginnen. Das mache ich einmal im Jahr, meist im Januar oder Februar.

Oft schneit es zu der Zeit noch in Italien, wo mein Ferienhaus steht. In Deutschland, wo Gesetze privates Brennen verbieten, hätte ich nie die Ruhe wie dort, mitten im Wald. In einem Ziegenstall ist die alte Destille untergebracht. Ich habe sie vor Jahren in Rumänien gekauft, wollte nichts Modernes.

Bei meiner Destille geht alles von Hand. Zuerst fülle ich die aus Deutschland mitgebrachte Maische aus zerdrückten Weintrauben in den Kessel, dann kommt der Kessel auf den Gasherd. Ganz langsam heize ich ein, die Temperatur steigt stetig. Nach zwei, drei Stunden ist die Maische so warm, dass sie zu verdampfen beginnt. Jetzt muss ich aufpassen: Wann beginnt der „Vorlauf" durch die Destilleröhrchen zu tropfen? Wann kommt der Mittellauf, der als Einziger für die Herstellung von Edelbränden verwendet wird? Und wann beginnt der Nachlauf, der wiederum unbrauchbar ist? Aus der Maische von Trauben entsteht so ein sehr guter Grappa.

Vor dem Kessel zu sitzen, umgeben vom wunderbaren Duft und wohliger Wärme – das ist Entschleunigung pur. Einen Tag dauert der eigentliche Brennvorgang. Mit Vor- und Nachbereitung bin ich aber etwa drei Tage beschäftigt.

Ich erlebe das Schnapsbrennen als zutiefst archaisches Tun, als einen Umwandlungsprozess nicht nur der Maische – auch ich werde ein anderer. Kann vieles dann mit mehr Ruhe tun. Ohne meine Destille, so denke ich manchmal, hätte ich vielleicht schon längst einen Herzinfarkt bekommen.

Seit bald zehn Jahren treffen sich die Männer einmal pro Woche und bereiten ein anspruchsvolles Menü zu

Zwischen Ehrgeiz und Entspannung: Für Manuel Köhler ist das gemeinsame Kochen eine erholsame Herausforderung

Gemeinsam kochen **und genießen**

Manuel Köhler, 44, Kelheim

Am schönsten ist der Moment, wenn wir uns dienstags nach stundenlangem Kochen an den Tisch setzen und gemeinsam essen. Vor allem die ersten Bissen nehme ich langsam zu mir, ganz bewusst, rieche, kaue, schmecke.

Alles, was bis dahin am Tag so wichtig war, vergesse ich dabei.

Zehn Männer gehören unserer Kochgruppe „Gourmet Terror“ an, die sich einmal pro Woche trifft. Reihum ist jeder mal dran mit Einkaufen und Vorbereiten, am Herd helfen wir uns dann gegenseitig.

Mitunter ist der Ehrgeiz ziemlich groß: Bestimmt achtmal hab ich die Tarte Tatin – nach Paul Bocuse – ausprobiert, bevor ich sie für die Runde zubereitet habe. Den Zucker so karamellisieren lassen, dass Konsistenz und Farbe stimmen, die Tarte mit Äpfeln abdecken, sie schließlich stürzen – da kann vieles schiefgehen.

Hochkonzentriert bin ich dann, ganz und gar bei mir.

In der ersten Zeit haben wir oft versucht, uns mit exotischen Rezepten und Zutaten zu übertrumpfen, so ziemlich jedes essbare Tier hatten wir auf dem Teller. Inzwischen aber geht es uns eher um das Thema „regional und ehrlich“. Höchste Qualität ist ohnehin selbstverständlich.

Die Entspannung, wenn ein Essen gelungen ist und alle mehrfach nachnehmen, ist ebenfalls ein wunderbarer Moment. Gespräche setzen dann ein, von albern bis ernst, der Geräuschpegel steigt. Jeder fühlt, wie stark das gemeinsame Kochen und Essen verbindet, jeder weiß, wo der andere im Leben steht.

Es kann bei viel Stress im Beruf auch schon mal vorkommen, dass ich einen Dienstag ausfallen lasse oder sogar zwei. Aber spätestens in der dritten Woche spüre ich, dass mir etwas fehlt. Und nicht nur ich.

Geh da bitte hin, sagt meine Frau. Sie findet, dass ich dann viel ausgeglichener bin.

Für Auge und Gaumen: Jede Verabredung der Amateurköche soll zu einem intensiven Erlebnis für alle Sinne werden

Die meisten der Gruppe haben Kochen nicht professionell gelernt, doch sie betreiben es mit großer Passion

Reihum ist jeder einmal dran mit Einkauf und Planung. In der Küche helfen dann alle mit

Für den Fall, dass die Nacktwanderer **einen Ort durchqueren müssen,** tragen sie Kleidung im Rucksack

Online **finden Gleichgesinnte zueinander** und verabreden sich zu gemeinsamen Ausflügen

Wind und Sonne **am ganzen Körper**

Friedrich Armin*, 70, Alzey

In verschwitzten Klamotten vom Joggen nach Hause zu kommen, das störte mich schon länger. Eines Tages ließ ich die Kleidung einfach weg und lief nur mit dem Autoschlüssel am Armband und Schuhen los. Es war die absolute Befreiung. Sich bewusst von den Zwängen der Zivilisation zu lösen und ganz in der Natur zu sein, die einen im Kontakt mit der nackten Haut direkt umgibt, das ist ein großes Glück.

Nach einigen Jahren habe ich aufgehört, nackt zu joggen, und schloss mich der ersten Nacktwanderung einer Gruppe an, die sich über das Internet verabredet hatte. Was auch den Grund hatte, dass die Gruppe einen gewissen Schutz bietet, denn einzelne Nacktwanderer werden oft fälschlich für Exhibitionisten gehalten.

Vom Frühjahr bis in den Herbst hinein gibt es in vielen Regionen Treffen an den Wochenenden, zwölf bis 18 Kilometer lang ist eine übliche Tour. Die Teilnehmerzahl schwankt zwischen einer Handvoll und manchmal fast 100 Männern und Frauen aller Altersstufen. Zur Rast suchen wir uns eine Wiese oder ein paar gefällte Baumstämme. Notkleidung haben wir nur dabei, wenn sich der Gang durch geschlossene Ortschaften nicht vermeiden lässt.

Andere Wanderer reagieren zuweilen mit Bemerkungen wie „Seid ihr überfallen worden?“. Und eine Mutter mahnte ihre Kinder: „Schaut euch das gut an, die können sich keine Kleider mehr kaufen! Lernt gut in der Schule, damit es euch nicht auch so ergeht.“ Empörung ist aber die Ausnahme.

Im Herbst machen dann Kälte und Wind das Nacktwandern unmöglich. In dicke Kleidung eingepackt ist das Gehen viel weniger intensiv.

Trotzdem suche ich nach Möglichkeiten, nackt zu sein: Ich gehe etwa in die Sauna oder mache Urlaub auf Teneriffa, wo man auch nackt wandern kann.

Denn nackt bin ich mehr Mensch als bekleidet. Ich bin mehr bei mir selbst.

* Name von der Redaktion geändert

Unwegsames Gelände schreckt die Wanderer nicht. Nur bei Kälte planen sie keine Touren

Mit entblößtem Körper lässt sich die Natur viel intensiver erfahren, sagen Nacktwanderer

Tanz der Fliegen

Silja Longhurst, 42, Kopenhagen, Dänemark

Als Kind habe ich meinen Vater oft zum Fliegenfischen begleitet. In Wathose stand er mitten im Fluss, hochkonzentriert. Immer wieder warf er die Rute aus, mit großem Schwung, und schritt langsam durchs Wasser. Mich hat dieses sanfte und doch aktive Fischen sofort in Bann gezogen, eine Kombination aus der Ruhe beim Angeln und harmonischer Bewegung.

Mit 15 Jahren habe ich mich dann zum ersten Mal auf eigene Faust daran gewagt. Und seither lässt es mich nicht mehr los. Immer wieder muss ich hinaus in die Natur, am liebsten an Bäche im Wald. Es ist wie ein Sog.

Denn beim Fischen bin ich eins mit der Natur, muss mich ganz auf sie einlassen. Das Smartphone ist stummgeschaltet in der Tasche – und ich tauche für einige Stunden in eine völlig andere Welt ein, fernab von Job und Familie.

Ich schaue, wie das Wasser sich bewegt, höre das Gluckern, den Wind, die Vögel. Lausche, ob ich ein leises Schmatzen höre: Ein Fisch schnappt an der Oberfläche nach einem Insekt. Dann versuche ich, das Tier zu entdecken, studiere, wie es sich verhält, wie es sich bewegt. Schließlich bemühe ich mich vorsichtig, ganz sachte, die Fliege in seiner Nähe auf der Wasseroberfläche zu platzieren. Leicht soll sie über dem Tier tanzen, ohne Bleigewicht.

Natürlich freue auch ich mich, wenn ich einen Fisch am Haken habe, das ist der Moment der Euphorie: Adrenalin! Aber oft schon bin ich nach Hause gekommen ohne Fang – und war doch durch und durch glücklich.

Einmal watete ich zum Beispiel in einem Flüsschen in Brandenburg, die Sonne stand tief, ihre Strahlen waren gelb und weich. Zu Tausenden schwirrten frisch geschlüpfte Maifliegen über dem Wasser, flirrten und glitzerten im Abendlicht.

Für meine Köder haben sich die Fische an jenem Abend nicht interessiert. Aber ich fühlte mich reich beschenkt. ◂

Es gilt, die Beute im Wasser **lange zu beobachten.** Erst dann wirft der Fischer die Rute aus

Als Jugendliche fing Silja Longhurst **ihren ersten Fisch.** Seither zieht es sie hinaus in die Natur

Wie ein Jäger an das Wild muss auch ein Fischer sich an die Beute anpirschen

Oft wird das Angeln zum grandiosen Naturerlebnis – auch wenn kein Fang glückt

Wie lange **dauert** das denn **noch?!**

Nehmen Sie sich mehr Zeit, schalten Sie mal runter: Für Harald Martenstein sind solche Ratschläge oft eher lästig. Denn auch Ungeduld kann nützlich sein – sie fördert Tatendrang, Mut und Entschlossenheit

TEXT:
Harald **Martenstein**
•
FOTOS:
Benne **Ochs**

f

Früher habe ich manchmal den Fragebogen in der „Frankfurter Allgemeinen Zeitung" gelesen, er wurde jede Woche einem Prominenten vorgelegt. Die Fragen hat einst der Dichter Marcel Proust formuliert und sich selber gestellt, es handelt sich um den Versuch, eine einigermaßen ehrliche Beschreibung der eigenen Persönlichkeit zu verfassen.

Ziemlich oft, so erinnere ich mich, antworteten die Prominenten auf die Frage nach ihrer „größten Schwäche" mit: „Ungeduld". Das konnte meiner Ansicht nach nur gelogen sein. So schlimm ist Ungeduld nun auch wieder nicht.

Ein Mensch, der ehrlich nach seinen größten Schwächen forscht und dabei lediglich „Ungeduld" findet, müsste ja fast ein Heiliger sein.

Auch bei Bewerbungsgesprächen werden Kandidaten oft nach ihrem schlimmsten Fehler gefragt. Einer Studie zufolge lautet die beliebteste Antwort: „Ich bin perfektionistisch" – eine Aussage, die jeder Chef sofort als Ausweichmanöver durchschaut und von der man nur abraten kann.

Aber auch „Ungeduld" scheint, wie ich einer „Karrierebibel" entnommen habe, ein in dieser Situation beliebtes Pseudogeständnis zu sein – eine Schwäche, die für Arbeitgeber akzeptabel ist (im Gegensatz etwa zu Trunksucht, der Neigung zu Wutanfällen oder einer kriminellen Ader).

Aber ist Ungeduld überhaupt eine Schwäche? Oder, besser gefragt, ist Ungeduld *nur* eine Schwäche?

Ich kenne mich mit Ungeduld sehr gut aus. Staus zum Beispiel machen mich wahnsinnig. Es ist schon vorgekommen, dass ich in einem Verkehrsstau mit den Fäusten auf das Lenkrad getrommelt habe. Und wenn der Aufzug nicht sofort kommt, drücke ich wie ein Idiot wieder und wieder auf den Aufzugknopf – völlig sinnlos, ich weiß, aber so reagiere ich mich ab.

Auch wenn ein Gesprächspartner nicht auf den Punkt kommt und zu immer neuen, weitschweifigen Präliminarien ansetzt, kann es vorkommen, dass ich demonstrativ auf

Harald **Martenstein**

ist Schriftsteller (»Nettsein ist auch keine Lösung«) und Kolumnist beim »Tagesspiegel«.

die Uhr schaue. Ich könnte deshalb niemals im diplomatischen Dienst arbeiten. Wenn vor der Ladenkasse eine lange Schlange ist, dann muss ich eine interessante Lektüre dabeihaben, sonst werde ich sehr schnell hibbelig.

Ungeduld ist lästig, gewiss – für einen selbst und manchmal auch für die anderen. Und es gibt zweifellos eine echte Nachtseite der Ungeduld. Menschen zum Beispiel, die auf eine Anschaffung einfach nicht warten können, sind in Gefahr, sich maßlos zu verschulden.

»Wenn der Aufzug nicht kommt, drücke ich wie ein Idiot wieder und wieder auf den Knopf«

Mag sein, dass Ungeduldige auch in anderer Hinsicht unbeherrscht reagieren, also bei Stress jeder Art leichter aggressiv werden als geduldige Zeitgenossen. Um das zu belegen, brauche ich keine Studie, ich muss nur an mich selbst denken: Wenn Leute zum Beispiel zu einer Verabredung deutlich zu spät kommen, mache ich spitze Bemerkungen (bei Freunden jedenfalls, bei Unbekannten reiße ich mich zusammen).

Ich bin zum Glück ziemlich immun gegen die Versuchung, gewalttätig zu

Im Wartestress

Ungeduld baut einen Druck in uns auf, sagt Harald Martenstein, der ein Ventil sucht – und bei fehlender Selbstbeherrschung zu Aggression führt

werden, aber es gibt sicher Ungeduldige, die da anders sind. Denn Ungeduld baut einen Druck in dir auf, der nach einem Ventil sucht, Ungeduld hat mit Aggression zu tun. Das alles ist nicht schön.

Aber es hat einen Grund, dass Leute in Bewerbungsgesprächen nicht selten „Ungeduld" als Schwäche nennen. Ungeduldige sind oft harte Arbeiter. Sie können nämlich einfach nicht trödeln. Ungeduldige wollen Probleme gelöst sehen, sie möchten sie nicht verschieben. Sie mögen auch keine Kompromisse. Ein Kompromiss sorgt für Frieden, aber meistens verschiebt er zugunsten des Friedens die endgültige Lösung des Problems, man kauft sich nur Zeit.

u

Ungeduldige haben die Leistungsethik des Kapitalismus verinnerlicht, sie sind ehrgeizig, auch in ihrer Karriere trödeln sie ungern. Ungeduldige wischen die Bedenken der Bedenkenträger beiseite und legen einfach los. Nicht jeder Ungeduldige besitzt ein übergroßes Selbstbewusstsein, aber jeder von ihnen will loslegen und die Sache, die anliegt, rasch vom Tisch kriegen. Das sieht bei manchen vielleicht nach Egomanie aus, aber auch Schüchterne und Ängstliche können ungeduldig sein und harte Arbeiter, die aufs Tempo drücken.

Die gängige Definition von Ungeduld lautet: Ich will, dass meine Wünsche schnell in Erfüllung gehen, möglichst sofort. Sofern der Wunsch, um den es geht, weder unmoralisch noch kriminell ist und man bereit ist, für die Erfüllung des Wunsches nur mit legalen und sozialkompatiblen Mitteln zu kämpfen, muss das nicht schlecht sein.

Ungeduldige finden sich ungern mit Widrigkeiten ab. Das ist eine Stärke. Christoph Kolumbus war, vermute ich, ungeduldig. Es war doch Wahnsinn, einfach loszusegeln, um einen neuen Seeweg nach Indien zu finden, berühmt zu werden und dabei das eigene Leben und das seiner Leute zu riskieren. Ein geduldiger Mensch hätte sich gesagt, dass dieser Trip nicht unbedingt notwendig ist und dass die Frage, ob es einen Seeweg nach Indien gibt, irgendwann sowieso geklärt wird. Eines Tages würde es bessere, sicherere Schiffe geben, und die Reise wäre dann deutlich weniger riskant.

Forscher und Entdecker müssen vielleicht ein bisschen ungeduldig sein, sonst hätten sie nicht den Mut, ins Unbekannte aufzubrechen.

Ungeduld kann nützlich sein. Aber man sollte in der Lage sein, sie bei Bedarf zu zähmen, sonst kommt man nirgendwohin. Kolumbus war von seiner Reiseidee besessen. Als er sie dem König von Portugal vorstellte, hatte der kein Interesse. Kolumbus kämpfte jahrelang zäh, bis er endlich, von den Spaniern, das Geld für seine Expedition bekam.

Der beste Film über die Ungeduld, den ich kenne, heißt „Borg/McEnroe", ein Spielfilm über zwei der größten Tennisspieler aller Zeiten und ihr legendäres Duell beim Turnier in Wimbledon, 1980. Als Junge spielt Björn Borg zunächst Eishockey. Er ist extrem ruhelos, will jedes Spiel gewinnen und rastet bei jeder Schiedsrichterentscheidung zu seinen Ungunsten aus. Ein Trainer holt ihn zum Tennis und bringt ihm bei, geduldig zu sein.

Man nennt Borg später „den Eisberg", weil er seine Matches scheinbar stoisch herunterspielt und sich kaum je eine Emotion anmerken lässt. In Wirklichkeit ist er ein Vulkan, der sich aber perfekt unter Kontrolle hat. Ein echter Stoiker könnte vermutlich nie Nummer eins irgendeiner Weltrangliste sein, ohne brennenden Ehrgeiz und den inneren Motor der Ungeduld geht das nicht.

In Gestalt von John McEnroe trifft Borg auf sein früheres Ich. McEnroe ist unbeherrscht, aggressiv, ungeduldig und als Spieler genauso gut wie Borg. Das Match der Geduld gegen die Ungeduld gewinnt, voraussehbar, die Geduld.

Aber das ist nicht die Pointe des Films.

Vielmehr werden McEnroe und Borg Freunde, sie erkennen einander als verwandte Seelen. Dann, wieder in Wimbledon, verliert Borg gegen McEnroe. Borg ist noch jung, 26. Aber er beendet seine Karriere. Er weiß, dass er es niemals ertragen könnte, nur Nummer zwei zu sein, nicht einmal zeitweise. Die unter Qualen antrainierte Fassade der Geduld würde zerbrechen, er wäre wieder das Nervenbündel, das er als Kind war, und würde Spiel um Spiel verlieren. So die Geschichte des Films, die an die Realität natürlich nur angelehnt ist. Borg hat der Film gefallen.

Björn Borgs Ungeduld, die Nummer eins zu werden, war so gigantisch, dass er für dieses Ziel sogar gelernt hat, geduldig zu sein, zumindest so lange, wie ein Match dauert. Diesen Kraftakt konnte er kein zweites Mal schaffen.

»Ungeduldige sind oft harte Arbeiter. Sie können nämlich nicht trödeln«

Kinder sind ungeduldig. Ich habe jedenfalls noch kein jüngeres Kind kennengelernt, dass gut im Warten ist – vielleicht gibt es welche, aber viele sind es sicher nicht. Ist es also das Kind in uns, das uns ungeduldig sein lässt?

Das Kind in uns hat kein sicheres Gefühl für Zeit, und es ist der Mittelpunkt seiner eigenen Welt. Ungeduldige sind egozentrisch und nicht ganz Herr ihrer selbst, aber sie können erfolgreich sein, im Sport, in der Wissenschaft, in der Kunst, wo ein großes Ego und kindliche Impulsivität oft nützlich sein können. In der Politik sind eher die Geduldigen im Vorteil.

Kein Porträt der Bundeskanzlerin kommt ohne den Hinweis aus, dass Angela Merkel eine Meisterin des Abwartens ist, wie Björn Borg. Ihr früherer Widersacher, der un-

Drang nach Neuem

Ohne Ungeduld, so vermutet Martenstein, gäbe es keine Durchbrüche in der Forschung, keine Expeditionen und Entdeckungen

geduldige und impulsive Sigmar Gabriel, ist fürs Erste auf dem Abstellgleis gelandet. Manchmal kommen auch ungeduldige Charaktere in der Politik ganz nach oben, ein Beispiel dafür ist der derzeitige amerikanische Präsident.

Ich will hier keine politische Diskussion über Donald Trump und Angela Merkel führen, aber an ihnen kann man ganz gut die Vorteile und die Nachteile beider Dispositionen erkennen, der Geduld und der Ungeduld. Die Bundeskanzlerin schmiedet Allianzen, Trump stößt oft Bündnispartner vor den Kopf und entlässt Mitarbeiter manchmal schon, bevor sie ihren Schreibtisch fertig eingeräumt haben.

Bei Angela Merkel rätseln die politischen Journalisten oft darüber, was sie eigentlich will. Trump sagt laut, was er will, aber wenn er nicht weiterkommt, will er in der folgenden Woche vielleicht etwas anderes. Merkel zögert – dadurch riskiert sie, den richtigen Moment zu verpassen. Trump handelt – dadurch riskiert er, das Falsche zu tun.

Das klingt nicht besonders gut für Ungeduldige, ich gebe es zu. Für sie spricht immerhin, dass Ungeduld zu keinen dauerhaften mentalen Problemen zu führen scheint. Im Film zahlt Björn Borg für seine Selbstbeherrschung mit depressiven Verstimmungen.

Mir geht es sofort wieder gut, sobald der Aufzug endlich da ist, der Verkehrsstau sich auflöst oder mein Gesprächspartner schließlich zum Thema kommt. Die Menschen, die oft mit mir zu tun haben, kommen mit meiner Ungeduld offenbar zurecht.

In Bewerbungsgesprächen aber sollte man als größte Schwäche, laut Karrierebibel, das Folgende gestehen: „Ich kann alleine oft besser kreativ sein als im Team." Die Chefs mögen das, weil fast alle von ihnen auch so ticken – und weil sie von den ständigen Konferenzen genervt sind.

Sie haben dann immer Lust, heimlich auf ihre Armbanduhr zu schauen. ◂

Die Welt von GEO

Ein Blick in weitere Hefte

GEO WISSEN GESUNDHEIT

Ob im Kajak, am Fels oder auf dem Pferd: Was fasziniert ambitionierte Freizeitathleten an ihrer Sportart?

Die Fitness-Formel

Neue Erkenntnisse über das beste Training

Die aktuelle Ausgabe von GEO WISSEN GESUNDHEIT enthält alles Wissenswerte über die Möglichkeiten, seine Fitness gezielt zu verbessern. So empfehlen Experten seit einiger Zeit das anstrengende High Intensity Training, das ideal ist, um Muskeln aufzubauen und die Ausdauerfähigkeit zu verbessern. Aber wie funktioniert es und was bringt es wirklich?

Ein Gesundheitsexperte erklärt, wie sich die Voraussetzungen für sportliche Betätigung im Laufe der Jahre verändern – und was man als über 50-Jähriger tun kann, um dem natürlichen Abbau der Leistungsfähigkeit entgegenzuwirken. Für alle Altersstufen gilt: Ausreichende Regeneration ist wichtig. Daher werden zehn unterschiedliche Yogastile vorgestellt, die sich als Ausgleich für Sportler verschiedenster Disziplinen eignen.

GEO WISSEN GESUNDHEIT
»Die Fitness-Formel« hat 188 Seiten und kostet 11,50 Euro, mit DVD (»Funktionelles Training«) 16,50 Euro. Weitere Themen: Die richtige Ernährung für Sportler • Motivation: So gelingen gute Vorsätze

GEO EPOCHE PANORAMA

1938 steht das NS-Regime im Zenit der Macht: Begeisterte Berlinerinnen jubeln Hitler zu

Der NS-Staat

Die Diktatur Adolf Hitlers

In der Nacht des 30. Januar 1933 wird die Weimarer Republik zu Grabe getragen: Gerade hat Reichspräsident Paul von Hindenburg Adolf Hitler zum Kanzler ernannt; und nun marschieren Tausende SA- und SS-Männer mit Fackeln durch das Brandenburger Tor. Sofort nach der Machtübernahme ihres Parteichefs überzieht die NS-Führung ihre politischen Gegner mit beispiellosem Terror, der sich bald auch gegen die Juden richtet. Innerhalb weniger Monate ist der Rechtsstaat beseitigt und wird durch eine zügellose Gewaltherrschaft ersetzt.

Wie es geschehen konnte, dass Deutschland in die Barbarei der nationalsozialistischen Diktatur taumelte, erzählt die aktuelle Ausgabe von GEO*EPOCHE* PANORAMA: Propaganda und Terror, Verfolgung und Vernichtungskrieg – der NS-Staat 1933 bis 1945.

GEOEPOCHE PANORAMA
»Der NS-Staat« hat einen Umfang von 132 Seiten im Großformat und kostet 15 Euro.